2014 年度山西省文物局文物保护科学和技术研究课题
"文物保护单位价值评估标准体系研究"最终成果

文物保护单位价值评估标准体系研究

张世满　赵路路　张亦非著

山西出版传媒集团
山西人民出版社

图书在版编目（CIP）数据

文物保护单位价值评估标准体系研究 / 张世满主编.
-- 太原：山西人民出版社，2017.12
ISBN 978-7-203-10220-5

Ⅰ．①文… Ⅱ．①张… Ⅲ．①文物保护—文物工作—
研究—中国 Ⅳ．①K87

中国版本图书馆 CIP 数据核字（2017）第 319559 号

文物保护单位价值评估标准体系研究

著　　者：	张世满　赵路路　张亦非
责任编辑：	员荣亮
复　　审：	赵虹霞
终　　审：	蒙莉莉
装帧设计：	立　方

出 版 者：	山西出版传媒集团·山西人民出版社
地　　址：	太原市建设南路 21 号
邮　　编：	030012
发行营销：	0351 - 4922220　4955996　4956039　4922127（传真）
天猫官网：	http://sxrmcbs.tmall.com　　电　话：0351 - 4922159
E —mail：	sxskcb@163.com 发行部
	sxskcb@126.com 总编室
网　　址：	www.sxskcb.com

经 销 者：	山西出版传媒集团·山西人民出版社
承 印 厂：	山西立方印业有限公司

开　　本：	787mm×1092mm　1/16
印　　张：	10.5
字　　数：	200 千字
印　　数：	1 - 2000 册
版　　次：	2017 年 12 月　第 1 版
印　　次：	2017 年 12 月　第 1 次印刷
书　　号：	ISBN 978-7-203-10220-5
定　　价：	48.00 元

序

2013年11月，山西省文物局启动了第二批文物保护科学和技术研究课题的征集工作，得到社会各界的广泛响应。在从各界征集到的58个研究课题中，"文物保护单位价值评估标准体系研究"以其对文物事业保护利用发展有较强的指导性、需求紧迫性和项目可行性，获得课题设立专家组的高票通过。

1961年，国务院发布《文物保护管理暂行条例》，确立了文物保护单位概念，公布了首批国家级文物保护单位180处。半个多世纪以来，国家级文物保护单位七批达4281处，各省市县陆续设立的文物保护单位达十余万处。截至2016年底，山西共有国家级文物保护单位452处，省级文物保护单位487处，市县级文物保护单位12466处。由此，构筑起山西重要文化遗产的清单体系。这些以历史、艺术、科学价值为衡量手段择选出来的国家、省、（市）县三级文物保护单位模式的建立，成为我省文物保护、管理、利用的重要依凭。全省各级文物管理部门在政府的领导下，根据遗产的保护级别，遵循"保护为主、抢救第一、合理利用、加强管理"的工作方针，建立了"四有"档案，设立了管理机构，建立了保护经费投入机制，并不断拓展服务社会的广度和深度，取得了显著的社会效益，为文化遗产的保护利用和功能发挥做出了令人瞩目的成绩和贡献。

党的十八大以来，随着改革的不断深化，文化遗产上升为国家和民族发展的战略性文化资源，成为"五位一体"文化建设的重要组成。习总书记在十九大报告中再次强调要加强文物保护利用和文化遗产保护。今年9月，国务院在《关于支持山西省进一步深化改革促进资源型经济转型发展的意见》中，也明确将文化旅游作为支柱产业纳入推进山西产业转型升级行动。山西的文物资源下一步将在全域旅游示范区建设、文化旅游融合发展、省域国家级文化生态保护实验区建设中担当更加重要的角色。一方面，山西的文物事业必须围绕山西转型发展的总要求，不断提升内生发展动力，强化学术应用转化支撑，为山西的转型发展助力加油；另一方面，作为人类共同文化遗产，不可再生的资源性质，也要求尽我们所能，防止在文物的利用中，出现保护式破坏、开发式破坏和利用式破坏行为。这就需要建立文物本体价值和利用价值评判标准，对文物本体及利用的可行性进行评估，以提高地方政府及利用者的判断和决策能力，及时纠正在文物保护、利用和开发中出现的不当行为。

文物的保护与利用是文物工作的核心，文物价值的准确认知又是文物保护与利用的核心。而长期以来文物价值评判中的标准模糊、可操作性不强、主观评判认定文物保护级别的传统做法，难以适应现代社会的科学公正性要求，进而有可能影响文化遗产的社会认可度和公信力的发挥，影响文化遗产服务社会和公众的能力和水平。因此，建立一套针对文物保护单位本体价值和利用价值的评估体系并进行实践推广应用，成为文物保护利用工作的当务之急。

感谢山西大学历史文化学院张世满教授团队为此课题付出的艰辛劳动。张教授以其广博的学识和多年从事旅游资源开发与规划研究的实践经验，担纲"文物保护单位价值评估标准体系研究"课题，又为我们行业建立了一个地方标准，希望在接下来的实践运用中不断改进完善，早日成为具有全国指导意义和可操作性的行业标准。同时，希望能有更多像张教授这样的专家学者携手文物行业，展开跨界合作，共同为我们的文物事业做出更大的成绩。

山西省文物局局长　　雷建国

目　录

序　　　雷建国

第一部分　山西省文物保护单位价值评估标准指标体系及其说明

一、文物保护单位价值评估标准制定的背景…………………… 2

二、文物保护单位价值评估标准制定的意义…………………… 5

三、本标准的总体架构及指标体系说明………………………… 7

四、特别价值条款………………………………………………… 19

第二部分　文物旅游资源价值评估体系研究综述

一、国际宪章及法律文件………………………………………… 21

二、国外相关制度………………………………………………… 27

三、国内相关制度与标准………………………………………… 34

四、国外学者研究概况…………………………………………… 37

五、国内学者研究概况…………………………………………… 40

六、构建本体价值与利用价值"合成"的评估体系……… 54

第三部分 文物保护单位旅游利用价值评估体系研究——基于对山西部分重点文物保护单位的考察

一、绪论……………………………………………57

二、文献综述……………………………………62

三、相关概念及方法界定…………………………63

四、文保单位旅游利用价值评价体系构建…………74

五、文保单位旅游利用价值评价体系指标权重确定……90

六、山西文物保护单位旅游利用状况………………105

七、结论与展望…………………………………108

第四部分 山西国家级文物保护单位旅游利用状况研究报告

一、山西省国家级文物保护单位概述………………117

二、山西省国家级文物保护单位旅游利用状况…………118

三、以国保单位为依托的文物旅游景点在山西旅游格局中的地位………………………………………123

四、文保单位旅游利用的条件分析…………………126

五、进一步提升文保单位旅游利用的建议……………128

附录：山西省国保单位名录………………………131

后记 必须说清楚的几个问题…………………………145

作者简介

张世满　男，1959 年生，山西山阴人，毕业于山西大学历史系，获历史学博士学位。曾在波兰华沙大学、日本立教大学留学。现任山西大学历史文化学院教授、博士生导师，兼任山西省历史学会陈廷敬研究专业委员会副主任，山西省政府特聘旅游发展咨询专家，河北省旅发委特聘旅游规划评审省外专家，教育部硕士、博士学位论文通讯评审专家库成员，朔州市政府特聘旅游专家，山西师范大学互联网+与旅游产业升级协同创新中心特聘教授。

自 1982 年初大学毕业以来，一直在高校从事历史学与旅游学教学与研究，教授过十多门本科生、研究生课程，指导毕业各类研究生 40 多位。先后在《世界历史》《史学理论研究》《东欧与中亚研究》《经济地理》《思想战线》《阿拉伯世界》《生产力研究》《山西大学学报》《经济问题》《城市发展研究》《旅游学刊》《中国经济史研究》《学术月刊》《清华大学学报》《新华文摘》《光明日报》《中国旅游报》《山西日报》等刊物、报纸发表学术论文 70 多篇，其中多篇被人民大学报刊复印资料全文转载。主撰、参撰或主编《旅游与中外民俗》《中外民俗概要》《涡流—20 世纪民族主义潮汐透视》《经济全球化与国家整体发展》《山西导游》《走遍山西》《碛口城镇建设》《碛口旅游发展》《逝去的繁荣：晋蒙粮油故道研究》《晋商五百年：粮油故道》《2013—2014 年山西旅游业发展分析与展望》《2014—2015 年山西旅游发展分析与展望》《2015—2016 年山西旅游发展分析与展望》《2016—2017 年山西旅游发展分析与展望》等著作十几部。主持完成多个国家级、省级科研项目，主持编制近 20 个各类旅游规划，参与或主持 300 多个不同类型旅游规划评审与论证。两次获得山西省社科优秀成果二等奖，一次山西省社科优秀成果三等奖，一次山西省高校社科优秀成果二等奖。目前正承担山西省文物局课题"山西省国、省保单位利用状况调研"，主持编撰《山西省旅游志》(1998—2017)，主持编制朔州市长城文化旅游发展专项规划。

赵路路　男，本科及研究生毕业于山西大学，获旅游管理硕士学位，现工作于山西高新普惠旅游文化发展有限公司，任偏关普惠旅游文化发展有限公司运营管理部经理。

张亦非　女，本科及研究生毕业于山西大学、英国阿斯顿大学，获市场营销硕士学位，现就职于山西大学商务学院，任管理学院讲师。

第一部分

山西省文物保护单位价值评估标准
指标体系及其说明

摘要： 各级文物保护单位是我国最重要的历史文化遗产，也是非常重要的历史文化旅游资源。但是长期以来，我国的文保单位的级别评定并没有明确的评价标准，这就给文保单位的科学评定带来很大麻烦，而且致使一些新近评定的全国重点文保单位的权威性、公信力遭到质疑，对文保单位的保护与利用产生不利影响。为此，文章在阐述文保单位价值评估标准制定的背景，系统分析评价标准制定的五方面意义之后，重点是从本体价值和利用价值两方面构建了文保单位的价值评估标准体系并作了具体说明。本体价值主要从文保单位等级认定的标准来构建评估指标体系，指标体系分为核心价值、价值多元性、原真性、保存度、规模度六个维度；利用价值主要从文保单位的价值发挥来构建评价指标体系，评价体系分为研究与传承价值、大众利用价值、影响利用价值发挥的外在因素三个维度13个指标。两个指标体系均可量化评价，两方面的价值既有联系，又有区别，既可以分开评价（各100分），也可以综合评价（共200分）。此外，在量化评价指标体系的基础上，还提出了文保单位特别价值条款，对于那些在核心价值的某一方面价值特别突出的文保单位，即使其他方面得分较低，也可以被直接认定为国保单位。

关键词： 文物保护单位；本体价值；利用价值；价值评估标准

一、文物保护单位价值评估标准制定的背景

中华人民共和国正式设立文物保护单位是从 20 世纪 60 年代开始。1961 年 3 月 4 日国务院发布的《文物保护管理暂行条例》规定，"国家保护文物的范围：与重大历史事件、革命运动和重要人物有关的、具有纪念意义和史料价值的建筑物、遗址、纪念物等；具有历史、艺术、科学价值的古文化遗址、古墓葬、古建筑、石窟寺、石刻等；各时代有价值的艺术品、工艺美术品；革命文献资料以及具有历史、艺术和科学价值的古旧图书资料；反映各时代社会制度、社会生产、社会生活的代表性实物"。这是首次明确提出不可移动文物保护单位历史、艺术、科学三方面的价值及其分类，并提出"分级公布文物保护单位"的要求。同一天，国务院公布了第一批全国重点文物保护单位共 180 处，其中山西为 13 处。

1963 年 4 月 17 日文化部发布的《文物保护单位保护管理暂行办法》第二条规定："各级文化行政部门应经常组织力量，对本地区的文物进行系统的调查研究，作出鉴定和科学记录。对于其中具有历史、艺术、科学价值和纪念意义而必须就原地保护的文物如革命遗址、纪念建筑物、古建筑、石窟寺、石刻、古文化遗址、古墓葬等，要进行分类排队，并根据它们价值和意义的大小，按照条例规定的标准程序公布为文物保护单位。" 这表明文化部开始部署各级文保单位调查研究及评定工作的常规化。

按照文化部要求，山西省第一批省级文物保护单位于 1965 年 5 月 24 日公布，共 124 处，其中革命遗址及革命纪念建筑物 8 处，古遗址 35 处，古墓葬 20 处，石窟寺 4 处，古建筑及历史纪念建筑物 51 处，石刻及其它 6 处。

但是此后，由于"文化大革命"等原因，文物保护单位的评定工作被搁置。直到"文革"结束后，国家文物局才开始着手恢复文保单位评定工作，并于 1982

年 2 月 23 日公布了第二批"国保"共 62 处。此后 30 多年里，先后五次公布全国重点文物保护单位。从第一至第七批全国一共公布了 4295 处国保单位。其中第三批全国重点文物保护单位于 1988 年 1 月 13 日公布，共 258 处；第四批全国重点文物保护单位于 1996 年 11 月 20 日公布，共 250 处；第五批全国重点文物保护单位于 2001 年 6 月 25 日公布，共 518 处；第六批全国重点文物保护单位于 2006 年 5 月 25 日公布，共 1080 处；第七批全国重点文物保护单位于 2013 年 5 月 3 日公布，共 1943 处。

在此期间，截至 2016 年 7 月底山西省先后四次公布了省级文保单位。

第二批于 1986 年 8 月 18 日公布，共 180 处。

第三批于 1996 年 1 月 12 日公布，共 152 处。

第四批于 2004 年 6 月 10 日公布，共 228 处。

第五批于 2016 年 7 月 22 日公布，共 178 处。

第一到第四批公布的省保单位总数是 684 处，但其中半数以上先后上调为国保单位。

截至 2016 年底，山西省共有全国重点文物保护单位 452 处，位居全国首位，省级文保单位 487 处，还有 12466 处市县级文保单位，形成四级文保单位体系。

四级文保单位体系是按照《中华人民共和国文物保护法》评定并公布的。《文物保护法》（2013 年版）其中第三条规定："古文化遗址、古墓葬、古建筑、石窟寺、石刻、壁画、近代现代重要史迹和代表性建筑等不可移动文物，根据它们的历史、艺术、科学价值，可以分别确定为全国重点文物保护单位，省级文物保护单位，市、县级文物保护单位。"第十三条规定："国务院文物行政部门在省级、市、县级文物保护单位中，选择具有重大历史、艺术、科学价值的确定为全国重点文物保护单位，或者直接确定为全国重点文物保护单位，报国务院核定公布。

省级文物保护单位，由省、自治区、直辖市人民政府核定公布，并报国务院备案。

市级和县级文物保护单位,分别由设区的市、自治州和县级人民政府核定公布,并报省、自治区、直辖市人民政府备案。

尚未核定公布为文物保护单位的不可移动文物,由县级人民政府文物行政部门予以登记并公布。"

我国的文物单位评定与保护工作开展半个多世纪以来,国家及各级政府陆续公布了大量不同层次的文保单位,设立管理机构,采取保护措施,取得了显著成效,为传承和利用这些宝贵的文化遗产做出了巨大贡献。然而,有一个疑问长期以来在脑海中萦绕:各级文保单位是如何评定的?依据的标准是什么?

借着承担山西省文物局 2014 年科研项目"文物保护单位价值评估标准体系研究"的机遇,课题组对此做了初步调查,走访了评定管理部门和参与过评定的专家学者,也检索了相关文献规定,发现长期以来文保单位的评定国家并没有出台过一个明确的评估标准,主要是评审专家依据文物的历史、艺术、科学价值的大小来认定,而三方面价值大小的判断也没有具体标准,往往是依据申报单位上报的说明材料,专家团表决投票来决定,其主观性显而易见。当然,专家投票都会有自己的判断依据,专家团队也有一些不成文的评价共识,比如在山西只要是元代以前的建筑遗存,不论具体状况如何,一般都要定为国保单位。

这种没有明文规定的具体标准,主要靠专家行为来认定文保单位级别的做法,显然不够科学严谨。我们不是不相信专家的水平,而是说专家之间的差异和局限难以避免,差异有时还会很大。同样是一处文保单位,如果由两组不同的专家来评审,其结果可能会有明显出入。如果说 20 世纪前四个批次公布的"国保"大都是学界和业内公认的重量级文保单位,数量也不是很大(全国共 740处),争议不会太大;而 21 世纪三个批次的国保单位评审,数量之大(全国共3541 处,是前四次的近 4.8 倍),任务之重,情况之复杂,而这些文保单位的知名度大多不是很高，仅靠专家团队审阅申报材料评出的结果，专家的主观影响会比较显著，再加上行政介入、区域平衡等其他因素，其权威性与公信力难以保证，异议不可避免。

鉴于以上状况，我们以为非常有必要探索建立一个文物保护单位价值评估的标准体系。

二、文物保护单位价值评估标准制定的意义

（一）价值评估不能没有明确标准

对任何事物进行评价，原则上都应有标准，而且是明确的、可以操作的标准。确定各级文保单位无疑是建立在其对文物价值的评估基础上，评估其价值大小高下，评价尺度必不可少。尺度一般是明确的衡量标准，也可以是参照体。由于文保单位的价值评价涉及面广，种类多，情况复杂，标准制定起来难度较大，所以长期以来一直没有出台评价标准，第一到第七次国保的评定都是在没有成文标准的情况下进行的，可能文物界不觉得有什么不正常，但在社会来看这种情况实属不太正常。时至今日，到了制定评价标准的时候了。当然，标准是否科学、合理、可行也非常重要，要总结这么多年的经验，借鉴其他领域的做法，尽量搞出一个可靠而好用的标准，起码做到有章可循。

（二）标准可以减少人为主观干扰

任何由人来完成的评价都难免主观性，文保单位的评价是由文物界的专家学者来完成，当然不能例外。在没有明确的评估标准的情况下进行评价，主观因素的作用就非常大，评价结果因专家的不同而会有明显差异。据我们了解，有些专家就对第七次国保单位的评定结果持保留意见，认为有些不该上的上了，

有些该上的没有上去。另外，专家个人因素之外，其他社会因素也会影响到评定结果，比如地方党政长官的意见恐怕就不得不认真去考虑。如果有了一个明确的标准，人为的因素尽管也还会存在，但是评价结果的主观因素和人为干扰就会大大减少。

（三）标准可以提升结果的公正性和公信力

文保单位的评定是由文物部门组织专家来完成，但它是政府行为，公布的各级文保单位具有相应的法律地位，要得到社会的认可。这就要求文保单位的评定结果客观公正，具有公信力与权威性。然而，就连一个明确的评价标准都没有，评出的结果难免会受到质疑，即使是专家行为也在所难免。如果有了标准，而且是专业界基本认同的标准，依据标准由专家评定的结果，其公信力与权威性必将大大增强，社会认可度就会大大提升。

（四）有利于更好保护和利用各级别的文物

文保单位的分级本身不是目的，而是为了更有效保护和利用这些不可移动文物资源。不同等级的文保单位都要保护和利用，但保护的力度和利用的强度是有差异的。一般说来，级别越高保护的措施与力度越强，受重视的程度就越高，保护主体的责任就越大。要根据文物的价值大小，结合国情、地情实际，科学地区分国家级、省级、市县级文保单位，并采取相应的后续保护措施。没有明确的评价与定级标准，文保单位分级就会出现偏差，进而对文物保护与管理工作产生源头上的误导；有了标准，定级的科学性提高了，就可以减少这方面失误。

（五）有利于管理工作的科学性

任何管理都应有章可循。文保单位的管理有《文物保护法》《文物保护管理暂行条例》《文物保护单位保护管理暂行办法》等一系列国家法律、法规文件为依据，也有一些地方法规文件，为文保单位的管理提供了根据与保障。但是，各级文保单位的评定没有明确的标准做依据，就给文物管理部门带来不小的困惑，增加了评定工作的难度，也对这项工作的科学性、严谨性、公正性产生难以弥补的负面影响。

总之，通过设置相对科学合理的评估指标和赋分权重，形成可以量化操作的评价指标体系，以此为尺度去评定文保单位的价值，就有章可循，会大大减少评审者的人为因素以及其他外来因素的干扰，从而提升评价的客观性、公正性和权威性，有利于各级文物的保护与利用。

三、本标准的总体架构及指标体系说明

（一）总体构想

文保单位的价值主要体现在两大方面：本体价值，利用价值。

本体价值主要从文保单位等级认定的标准来构建评估指标体系与赋分权重，满分为100分，分为六个方面。

利用价值主要从文保单位的价值发挥来构建评价指标体系与赋分权重，满分100分，分为三个方面。

两方面的价值既有联系，又有区别，既可以分开评价（各100分），也可以综合评价（共200分）。

以下是价值评估指标体系的初步设想。

（二）本体价值评估标准指标体系构成

1.文物保护单位本体价值评价标准及赋分（见表1）

表 1 文物保护单位本体价值评价指标体系

评价项目	评价因子		项目属性	赋值	得分
核心价值（50分）	①历史价值	三方面价值选其一评价。请将对应序号写于右边框内。	价值极高（全国）	45-48-50	
	②科学技术价值		价值很高（大区域）	40	
			价值较高（省域）	35	
	③艺术价值		价值一般（市域）	30	
			价值较低（县域）	25-22-20	
价值多元性（10分）	①历史价值	是对核心价值之一评价后剩余两方面价值的评估。请将对应序号写于右边框内。	该价值很突出	5	
	②科学技术价值		该价值很明显	3	
			有但不明显或没有	1-0	
	③艺术价值		该价值很突出	5	
			该价值很明显	3	
			有但不明显或没有	1-0	
文物原真性（10分）	从保护对象的原始地点、式样、造型、风格、材料、工艺、用途等方面衡量文物现状与初始状态的相似度		很高	10-9	
			较高	8	
			一般	6	
			较低	4	
			很低	3	
保存完整度（10分）	从保护对象的整体性和单体文物的完整性方面衡量文保单位初始或定型状态保存的完整程度		很完整（90%以上）	10-9	
			基本完整（80-89%）	8	
			比较完整（60-79%）	6	
			不够完整（40-59%）	4	
			很不完整（30-39%）	3	

规模度（10分）	从保护对象的占地面积、规模，所含单体的多少及其体量大小、高低等方面加以衡量	很大	10-9	
		较大	8	
		一般	6	
		较小	4	
		很小	3	
历史年代（10分）	从保护对象距今天的时间长度来衡量，以朝代为计量参照对象	史前及夏商周	10-9	
		秦汉及魏晋南北朝	8-7	
		隋唐五代及宋辽金元	6-5	
		明清时期	4	
		近现代时期	3	
总　分（满分100分）		——	100	

2.指标体系及赋分说明

本体价值评估分为核心价值（50分）、价值多元性（10分）、原真性（10分）、完整性（10分）、规模度（10分）、历史年代（10分）六大指标，其中前两项指标是从文物的内在价值来评估，也就是其核心价值，总权重设为60%（50%+10%）；后四项是从文物的外在特征来评估，为了方便操作，也为了平衡不同类型文保单位的得分，这四方面权重均设为10%。

2.1 核心价值（50分）

2.1.1 历史价值

从文保单位所反映的历史阶段、历史背景、历史史实（事件）以及与历史人物的关系等方面考量，所反映的历史时段越长久，历史背景、历史事件越重大，与重要人物的关系越紧密，其价值越大；历史背景、事件、人物可以分为全国级、大区域级（如中央之下的邦国封国，如周朝之下的晋国、秦国、楚国等，国家分裂时的中国局部政权，如汉末之魏蜀吴三国，南北朝时期的各朝代，南宋、辽、金，今天之华北、东北、西北等大区域）、地方级（历史上的州、郡、道、省以及今天之省级行政单位等）、当地级（市域、县域及以下两个层级）五个不同级别，级别越高价值越大，分别对应极高、很高、较高、一般及较低。

2.1.2 科学技术价值

从文保单位所反映的科学门类、技术领域、科技方面的成就与贡献等方面来考量，所反映的科学技术的典型性、唯一性、代表性以及在当时的先进性越强，其价值越高；可分为全国级、大区域级（如南方、北方以及西北、东北、西南、华北等）、地方级（省级）、当地级（市、县及以下两个层级）五个不同级别，分别对应极高、很高、较高、一般及较低。

典型性、唯一性、代表性、先进性四方面不必求全，只要有一个方面即可，其中要特别看重是否为孤例（唯一性），孤例可以上调其1–2个级别。

2.1.3 艺术传承价值

从文保单位所反映的艺术类型、传承的艺术内容以及这些艺术的重要性等方面考量，所反映的艺术的典型性、稀缺性、代表性、影响力与艺术成就越突出，其价值越大；可分为全国级、大区域级（如南方、北方以及西北、东北、西南、华北等大区）、地方级（省级）、当地级（市、县及以下两个层级）五个不同级别，分别对应极高、很高、较高、一般及较低。

典型性、稀缺性、代表性、影响力与艺术成就五个方面不必求全，只要有一个方面即可，其中要特别看重艺术水平所达到的高度以及是否为孤例（稀缺性），达到某一级别最高水平或为孤例可以上调其1–2个级别。

2.1.4 赋分说明

（1）以上三项是评价的主要依据，三项并列，得分权重同等，均为50分，此项评价时只从其中价值最突出的一方面打分。

这样做是考虑到许多文保单位很可能不能同时具备上列三方面的价值，例如一处非常重要的石器时代遗址，其价值在于历史和技术，艺术价值可能微乎其微，一处极为重要的革命遗址其价值主要是历史，而很可能没有科学、艺术价值，所以不能同时从三方面去要求。评价前，先比较文保单位三方面的价值大小，三者取其一，拎出其中最突出的一方面价值进行评分，满分50分。不同时从三方面评价累加得分。

（2）核心价值评分参照某一方面的评价因子，分成五个档次：

即价值较低、价值一般、价值较高、价值很高、价值极高，分别得到20-22-25分、30分、35分、40分、45-48-50分，为了便于操作，除了最高和最低档次得分需要权衡后细分，中间三档不再进一步细化得分。

2.2 价值多元性评定（10分）

此项目是对核心价值以外其余两类价值在某一处文保单位上的体现状况评估。首先看文保单位仅仅是单一价值，还是二重价值兼有，或者是三元价值都具备。由于其核心价值有一项已经给予评分，这里主要是考量其余两方面的价值，多一重价值就多加1-5分，多两重价值再加1-5分，满分10分。

每一重价值评分可分成三个档次，分别得0-1分、3分、5分。0分代表没有这方面价值，1分代表有这方面的价值但不明显（对应核心价值较低、一般两个档次），3分代表这方面的价值较明显（对应核心价值较高），5分表示这方面的价值很突出（对应核心价值很高、极高两个档次）。

综合文保单位这一指标，可能得分为0，1，2，3，4，5，6，8，10，不出现7分和9分。0分表明其余两重价值都没有，1分表示仅有某一重价值而且不明显，2分表示两重价值均有但都不明显，3分表示仅有某一重价值而且较明显，4分说明两重价值均有但其中一重不明显而另一重较明显，5分表示仅有某一重价值而且很突出，6分说明两重价值均有但其中一重不明显而另一重很突出，8分说明两重价值均有但其中一重较明显而另一重很突出，10分说明两重价值均有而且都很突出。

2.3 文物原真性评定（10分）

此项目是对文保单位文物现状与最初状态或定型状态之间的同一性程度的评价，包括地点、造型、式样、尺度、风格、材料、工艺、用途等方面的相似程度。原真性可以分成很高、较高、一般、较低、很低五个档次，得分依次为10--9分、8分、6分、4分、3分，依照原真程度得分逐渐下降，以上八个方面每一方面满分按1.25分计，采取四舍五入办法计分。

此项原则上最高给9分，给满10分要十分谨慎，这是考虑到现存文物几乎不可能绝对原真，或多或少都会与本初状态有差异；

没有设2分、1分与0分，是考虑现存文物即使与当初状态相比已经发生了巨大变化，但还不至于面目全非、彻底改变，总会有一些原真的成分，否则，就不能成其为文保单位了。

2.4 保存完整度评定（10分）

此项目是对文保单位文物原始或定型状态保存的完整程度评价。可以分成很完整、基本完整、比较完整、不够完整、很不完整五个档次，依据完整程度得分逐渐下降，分别为10-9分、8分、6分、4分、3分。

以建筑为例，要从整体与单体两方面评价。如果文保单位指的是建筑群，就要从总体上看当初或定型后的建筑物有多少保存了下来，是否有的已经不存在了，按照整体完整程度分成90%以上、80%以上、60%以上、40%以上、30%以上5级，分别给10-9分、8分、6分、4分、3分。如果文保单位是单体建筑，那就根据单体的完整程度酌情给10-9分、8分、6分、4分、3分。

此项之所以没有设2分、1分与0分，是考虑作为文保单位的文物不可能一点完整度都没有，那样的话也就成不了文保单位了。所以，最坏的状况只能到很不完整。

2.5 规模度（丰度）评定（10分）

此项目是对文保单位面积、规模、高度、体量大小以及所含单体的多少的评价。文保单位保护对象差异很大，有的是单体建筑，有的是建筑群，有的是墓葬群，有的仅是单个墓葬，有的遗址非常大，有的可能很小，所以要有区分。可以按照遗址、墓葬、地面建筑、石刻等不同类别设不同标准，分成很大、较大、一般、较小、很小五个档次，依照大小得分逐渐下降，分别为 10-9 分、8 分、6 分、4 分、3 分。遗址、墓葬论占地面积，建筑群论规模、建筑面积大小、单体多少，建筑单体论体量高低、大小。

这项不设 2 分、1 分与 0 分，是因为任何文物总是有一定规模的，而且规模大小是相比较而言，所以只能从很大到很小为止。（面积、体量等级划分的具体标准还须分类考虑，按照同类保护单位的平均值分出不同档次）

2.6 历史年代评定（10 分）

此项目是对文保单位文物距今时间长度的评定。可以分为史前及夏商周时期、秦汉及魏晋南北朝时期、隋唐五代及宋辽金元时期、明清时期、近现代时期五个档次，依据年代远近得分由高到低逐渐下降，分别为 10-9 分（史前 10 分，夏商周 9 分）、8-7 分（秦汉 8 分，魏晋南北朝 7 分）、6-5 分（隋唐五代 6 分，宋辽金元 5 分）、4 分（明清不再细分）、3 分（近现代不再细分）。

这项不设 2 分、1 分与 0 分，是因为任何文物总是有一定历史时段的，一般来说，时间越久远，保存至今的可能性就越小，换言之，时间越久远，存世文物就越稀少，所以得分就越高，但最小值不宜小于 3 分。

2.7 文保单位分级

文保单位本体价值按照得分高低，拟分为五个等级，分值如下：

5 级得分 90—100 分；（世界遗产级）

4 级得分 80—89 分；（国家级）

3 级得分 70—79 分；（省级）

2 级得分 60—69 分；（市级）

1 级得分 59—50 分。（县级）

未能评级 49 分及以下。

80-100分可统称为国家级，其中要申报世界遗产或申请进入世界遗产预备清单，原则上得分必须在90分以上，所以将90-100分另设为世界遗产级，为顶级文物保护单位。

（三）利用价值评估指标体系构成

1. 文物保护单位利用价值评价标准及赋分（见表2）

表 2 文物保护单位利用价值评价指标体系

评价项目	评价依据	项目属性	赋值	得分
研究与传承价值 **（30分）**	依据保护对象的代表性、典型性、珍稀性、原真性、先进性、多元性以及信息丰富性评定 提示：以本体价值前两项得分的50%换算	极高	30–28	
		很高	25	
		较高	20	
		一般	15	
		较低	10–5	
大众利用价值 **（40分）**	大众观赏体验价值（30分） 根据保护对象的视觉和感觉效果评定	极高	30–28	
		很高	25	
		较高	20	
		一般	15	
		较低或没有	10–5–0	
	修学科普价值（5分） 强调历史、科学、艺术等知识的传播作用	较高	5	
		一般	3	
		较低或没有	1–0	
	道德训诫价值（5分） 强调道德方面的教育、教化作用	较高	5	
		一般	3	
		较低或没有	1–0	

影响利用价值发挥的外在因素（30分）	完好度（6分） 提示：按照本体价值完整度得分的60%换算，4舍5入	很完整（80%）	6	
		较完整（60%）	4	
		不完整（30%）	2	
	规模或承载量（6分） 提示：按照本体价值规模度得分的60%换算，4舍5入	很大	6	
		较大	4	
		较小	2	
	所处区位（4分） 根据文保单位距离主要客源市场（中心城市）远近给分	很好	4	
		较好	3	
		较差	1	
	交通条件（4分） 根据外部进出文保单位的方便程度给分	很方便	4	
		较方便	3	
		不方便	1	
	周边环境状况（2分） 根据文保单位周边自然环境或社会环境状况给分	很好	2	
		一般	1	
		很差	0	
	文物安全状况（2分） 根据文保单位本身有无安全隐患给分	很安全	2	
		较安全	1	
		不安全	0	
	适合利用期限（2分） 根据文保单位适宜游览的时间给分	较长（半年以上）	2	
		较短（半年以下）	1	
	保护特殊要求（2分） 根据文物保护有无特别限制给分	无特殊要求	2	
		有特殊要求	1	
	资源组合状况（2分）根据文保单位与周边旅游资源的关系给分	组合较好	2	
		组合较差	1	
总　分（满分100分）		——	100	

2. 指标体系及赋分说明

利用价值面向全社会体现，大致可以分成专业利用（研究与传承价值）和大众利用（大众观赏、体验、科普教育、道德训诫价值）。相对而言专业利用受众很小，而大众利用受众广大，所以两方面的权重设为 3:4，而把影响利用价值发挥的外部条件权重设为 3，下面又分为完好度、承载量、区位、交通、环境、安全、适游期、保护要求以及资源组合等 9 项指标，分别赋予不同的权重。

2.1 研究与传承价值（30分）

是指文保单位的历史、科学、艺术研究及文化传承价值，主要体现于专业研究和文化传承。评分时依据文物在相关方面的代表性、典型性、珍稀性、原真性、先进性、多元性以及信息丰富性给分。一般说来本体价值中的核心价值越高，这方面的得分就越多，按照权重设定与本体价值前两栏（核心价值、价值多元性）总得分（60分）相对应分值（按50%折算，满分30分），分成5个档次，依次为极高（全国级）得 30-28 分，很高（大区域级）得 25 分，较高（地区级）得 20 分，一般（市级）得 15 分，较低（县级）得 10-8-5 分。

2.2 大众利用价值（40分）

大众利用价值指专门研究以外面向广大参观者的利用价值。主要包括 3 个方面：

2.2.1 大众观赏体验价值（30分）

指服务于大众参观游览品味体验的价值，主要强调视觉观赏性和心理体验性。根据视觉与感觉的效果可细分为 5 个档次，依次为极高者得 30-28 分，很高者得 25 分，较高得 20 分，一般者得 15 分，较低或没有者得 10-5-0 分；

2.2.2 修学科普价值（5分）

主要服务于各级各类学生、青年群体以及其他求知人群，强调知识（历史、科学、艺术等方面）的传播作用，可以分成 3 个档次，依次为较高者得 5 分，一般者得 3 分、较低或没有得分者 1-0 分；

2.2.3 道德训诫价值（5分）

强调文保单位对观众的道德教育、教化功能，可以分成 3 个档次，依次为较高者得 5 分，一般者得 3 分，较低或没有者得 1–0 分。

2.3 影响利用价值发挥的外在因素（30 分）

影响文保单位利用价值发挥的主要外在因素包括 9 方面：

2.3.1 完好度（6 分）

参考本体价值中的完整度得分按 60% 换算，可分成很完整、较完整、不完整三个档次，分别得 6 分、4 分、2 分；

2.3.2 规模或承载量（6 分）

参考本体价值中的规模度得分按 60% 换算，可以分成很大、较大、较小三个档次，分别得 6 分、4 分、2 分；

2.3.3 文物所处区位（4 分）

根据文保单位距离主要客源市场（中心城市）远近给分，可以分成很近（很好）、较近（较好）、较远（较差）三个档次，分别得 4 分、3 分、1 分；

2.3.4 交通条件（4 分）

根据外部进出文保单位的方便程度给分，可以分成很方便、较方便、不方便三个档次，分别得 4 分、3 分、1 分；

2.3.5 环境状况（2 分）

根据文保单位周边自然环境或社会环境状况给分，可以分成很好、一般、很差三个档次，分别得 2 分、1 分、0 分；

2.3.6 安全状况（2 分）

根据文保单位本身有无安全隐患给分，可以分成很安全、较安全、不安全三个档次，分别得 2 分、1 分、0 分；

2.3.7 适合利用期限（2 分）

根据游客受冷热季节等气候影响，参观文保单位的适宜时间长度给分，可以分成较长（半年以上）、较短（半年以下）两个档次，分别得 2 分、1 分；

2.3.8 保护特殊要求（2 分）

根据文物保护有无特别限制给分，可以分成无特殊限制性要求和有特殊限制性要求两个档次，分别得 2 分、1 分；

2.3.9 资源组合状况（2分）

根据文保单位与周边吸引游客的资源的关系给分，可以分成组合较好与较差两个档次，分别得 2 分、1 分。

2.4 分级说明

文保单位综合利用价值拟分为五个等级，分值如下：

5 级得分 90—100 分（极高）；

4 级得分 80—89 分（很高）；

3 级得分 70—79 分（较高）；

2 级得分 60—69 分（一般）；

1 级得分 59 及以下（较低）。

（四）两类评价的关系与应用

1.本体价值评价是针对文保单位固有的价值；利用价值是针对文保单位潜在的使用价值，不受其是否被利用和利用程度的影响。

2.由于文物本体价值与利用价值之间存在一定的联系，所以，两个评价指标体系就有必然内在联系。比如，本体价值体系中的核心价值指标与利用价值体系中的研究与传承价值，本体价值中的保存完整度、规模度与利用价值中的完好度与规模或承载量等均是对应关系。

3.由于两个评价标准的指向不同，所以，一些指标就没有必然联系。比如，利用价值体系中的所在区位、交通条件、适合利用期、资源组合等，就与本体价值指标没有关系。

4.两者有关的指标，量化评价时要彼此关照，无关的指标就独立评价。

5.两个指标体系既可以单独使用，也可以共同使用。当两个指标体系同时用来评价某一处文保单位价值时，则反映该文保单位的综合价值，也就是它的历史文化价值和潜在利用价值。

6.因为两大评价体系既有相互依存的指标，又有相互独立的指标，所以，得分既会有一定的正向关联，又会有一定的逆向出入。或者说，既有本体价值与利用价值得分双高或双低的情况，又有本体价值较高而利用价值不高的情况，也会有本体价值较低但利用价值相对较高的情况。

四、特别价值条款

上述评价体系从文保单位价值的全面性考虑较多，权重及量化主要照顾了文保单位价值的方方面面，尽管各指标的权重有差异，但对文保单位的特别突出的价值照应还是不够。所以，在尊重价值评估指标体系的同时，要专门考虑某些文保单位的特别价值。由于评价体系所限，有些文保单位某一方面的价值特别突出，但其他方面局限性较大，最终得分可能不高，甚至进不了国保行列，这显然不利于文物的有效保护与利用。

因此，文保单位本体价值评估标准体系还需专设"特别价值条款"，对于那些在核心价值的某一方面价值特别突出，具有高度稀缺性、独特性（唯一性）、先进性、典型性、代表性、纪念性、重要性等的文保单位，即使其他方面得分较低，就凭这一条就可以被直接认定为国保单位。当然，需要启动"特别价值条款认定程序"，由专家组出具相应的特别价值说明报告，上报国家文物局审核批准。

第二部分

文物旅游资源价值评估体系研究综述

摘要：文物与旅游如何有机结合已成学术界研究的热点之一，而如何对文物旅游资源做出正确评价是研究之重点。本文从国际宪章及法律文件、外国制度、国内制度与标准、国内外学者等角度对文化遗产——着重对文物旅游资源——的价值评估描述及研究做一总结，旨在指导我们认清文物价值，从更加全面的角度提出适合我国文物保护单位的价值评估体系。

关键词：文物；文化遗产；文物旅游资源；价值评估

旅游资源评价是从合理开发利用和保护旅游资源的角度出发，选择某些评价因子，运用科学的评价方法，对一定区域内的旅游资源自身价值以及外部开发条件等相关方面进行综合评判和鉴定的工作程序。其实质是在旅游资源调查的基础上，对其进行深入剖析和研究。旅游资源评价通过对旅游资源类型、结构、规模、质量、功能和性质的评估，为旅游区的开发、规划和建设提供科学依据；通过对旅游资源规模品位的鉴定，为国家和地区进行旅游资源分级规划和管理提供系统资料和判断对比的标准；并对区域旅游资源的综合评价，为合理利用资源，发挥整体效应、宏观效应提供经验，为确定不同旅游地的开发建设时序提供依据。[1] 所以说，旅游资源评价是旅游资源合理开发和利用的前提和

---

[1]马耀峰,宋保平,赵振斌.陕西旅游资源评价研究[M].科学出版社,2007：132-133.

依据，客观而科学的评价旅游资源是十分关键的。

文物作为旅游的重要资源，文物旅游已成为旅游业的重要组成部分。文物旅游不仅可以归结到遗产旅游范畴，也可归到文化旅游的范畴。文物旅游不仅带来了巨大的经济收益，也在游客的文化教育方面起到了至关重要的作用。但随着旅游业的发展，旅游对文物保护的冲击越来越大，文物保护的传统观念遇到了创新思维前所未有的挑战。[1]

因此，对文物进行价值评估，是文物保护规划的必要前提条件，不仅有利于制定合理的规划目标及对策，而且还有利于保护区的合理划分及制定相应的管理制度，价值认定清晰、价值认识程度的足够深入，保护范围的划定就更具有研究的科学性、管理的合理性和保护措施的针对性。同时，对文物进行价值评估，有利于处理好合理保护与文物旅游可持续利用的协调关系。

本文研究的全国重点文物保护单位为不可移动文物，与遗产地的概念相契合，属于物质文化遗产。因此，国内外对于文化遗产的价值体系的研究自然也适用于文保单位。我国在界定文保单位时将其分为古建筑、古遗址、古墓葬、石窟寺和石刻以及近现代重要史迹及代表性建筑。因此对于这些的研究均可作为本文研究的对象。

由于文物价值评估的目的是为了更好地保护和利用，因此，对于文物价值评估的论述在文物保护的法律文件中都有涉及。

一、国际宪章及法律文件

《雅典宪章》（1931）中首次提到了文物的历史价值，其指出"有历史价值的古建筑均应妥为保存，不应加以破坏。"此后对遗产价值的认识便不断开展开来，形成以艺术价值、历史价值和科学价值构成的价值体系为主导。随着对遗

---

[1]周彤莘.论文物保护与文物旅游的平衡发展[J].桂林旅游高等专科学校学报,2000,11(3):49-51.

产观念认识的变化，针对不同文物类型的保护法律文件的出台，对遗产价值出现了从史前史、建筑、美学、考古、人类学、社会文化、人种学、宗教与精神等方面的学科知识领域的价值认识。

《威尼斯宪章》（1964）是遗产保护界最权威的文件，其认为不仅是伟大的作品值得保存，具有年岁价值的平庸之作也应纳入保存的考虑。特别是提出的"文化意义"的概念有很大的诠释空间:可能是年岁价值，存在于现场的氛围；或是纪念价值，提供后人对过去时光的凭吊，抑或是作为社会生活的实证史料价值，更在最广泛的意义上可表示为所有层面的文化价值。[1] 在价值认识上便是对价值的重要性、独特性与关联性的体现。

1967 年由国际古迹遗址理事会（ICOMOS）提出的基多标准（The Norms of Quito）从经济学的角度探讨了遗产的价值。其着眼于如何保护和利用具有艺术和历史价值的纪念物。该标准指出遗产作为一种含有巨大经济价值在内的资源，应在不减损其历史和艺术重要性下，提升遗产本身的利用性和价值，以便大众可以认知与享受。并对遗产经济价值的评估做了介绍。另外，在该标准中也对提升遗产价值、作为旅游资源等方面的措施给出了建议。

《关于保护受到公共或私人工程危害的文化财产的建议》是联合国教科文组织在 1968 年的巴黎大会上通过的国际文件。该文件中提到保护的文化财产中的不可移动物体即与文物概念有所相似，其将历史、科学、艺术和建筑价值作为衡量的指标标准，并提到关注文物价值时不仅注意其内在价值，对游客的吸引力即旅游价值及游客产生的经济价值也应考虑。

由欧洲理事会在 1969 年编的《保护考古遗产的欧洲公约》则着重强调了文物的科学价值，并力求通过教育来发挥其科学意义。

《关于在国家一级保护文化和自然遗产的建议》（1972）对文化遗产定义中将其价值分为考古、历史、艺术和科学价值，这是从文物的本体角度对其价值

---

[1]黄明玉.文化遗产的价值评估与记录建档[D].复旦大学博士论文,2009:52-53.

进行描述。同时在该建议中也提到"在不忽视文化和自然遗产的巨大经济和社会价值的情况下，应采取措施促进和增强该遗产的明显的文化和教育价值以服务于保护、保存和展示该遗产的基本目的"，这是从利用的角度对价值进行描述。该建议中有关文化遗产价值的论述，融合当时学者们关于文物价值的观点，即引入使用价值。使用价值的引入，特别是教育价值的引入，不仅使学者们对于文化遗产的认识更加全面，也增进了人们对文化遗产保护的观念。

1975年欧洲理事会出台的、在陈述遗产价值方面非常深入的法律文件——《欧洲建筑遗产宪章》提出了精神、社会、文化和经济价值构成的建筑遗产价值体系。让人难以预料的是该宪章中还提到的"对遗产价值有一种直觉的感情"，或许可以用情感价值来形容，这个指标就非常的抽象。因为建筑遗产所蕴含的是过去时光，让人们对于历史有了感情寄托。同时，该宪章继承了威尼斯宪章精神，即使建筑群中有看起来平庸的"作品"，也可能因其中融合的不同风格而彰显异彩，这便是强调了整体性对于建筑群（对于单体建筑就得加上周围环境）的遗产价值的重要性。

与《欧洲建筑遗产宪章》同届大会上颁布的还有《阿姆斯特丹宣言》(1975)。该宣言对于遗产价值评估体系研究贡献最大的便是突出强调了使用价值。其介绍到不仅要针对文物建筑的文化价值，而且更要针对其使用价值，只有同时考虑这两种价值才会正确理解整体性保护遗产的社会问题。此外，该宣言也强调了了解价值的重要性，并要求公民必须正确了解建筑遗产的价值才能使其得到更好的保护。

《马丘比丘宪章》(1977)则以雅典宪章为基础，提出文物与历史遗产必须与城市的建设结合起来进行，以保证这些文物具有经济意义并继续具有生命力。该宪章虽然没有明确提出文物价值的评估，但在界定保护文物时其限定语为"一切有价值的说明社会和民族特性的"，指出的便是文物的社会及民族文化价值，这为巴拉宪章的出台奠定了基础。

《巴拉宪章》（1979）是首部以文化遗产的文化价值为基础的法律文件，其中包含了制定遗产保护的科学程序，具有极强的可操作性。因此该宪章不仅在澳大利亚（由 ICOMOS 澳大利亚委员会制定），而且在国际遗产保护界也受到推崇。而文化价值，也就是宪章中的文化意义，有如下解释："对过去、现在和将来世代的人具有美学、历史、科学、社会或者精神方面的价值"，这便可看作文化价值的指标体系。在遗产价值论述方面，该宪章特别之处有以下几方面：第一，扩展了过去对古迹遗址的定义，以"地点"的概念来诠释文化遗产，将其称为具有文化重要意义的地点；第二，说明了文化价值的表现范围与不同的对应性质，强调了形式以外的价值表达脉络："文化重要意义体现于地方本身、地方的组构、背景环境、利用、关联性、意涵、记录、相关地方与相关物件。地方对不同的个人或团体可能有不同的价值范畴"；第三，价值评估必须"与时俱进"，不断更新，并与保护措施相结合："文化意义可能会在地点的连续历史过程中发生改变，对文化意义的理解也可能会因为一些新的信息而发生改变。由于价值不只存在于具体的物质当中，考虑到价值可能随着地方历史而变化，对价值保护的举措也充分考虑了其发展的空间"；第四，尊重遗产价值的多样性，尤其是可能发生冲突之处："保护一个地点应当区分辨别并考虑文化与自然意义的所有方面，不得在损害其他方面价值的情况下无根据地强调任一方面的价值。应该认知、尊重与鼓励文化价值的共存，尤其是诸如政治、宗教、精神与道德信仰等价值冲突之处。"第五，把文化价值置于整体保护程序的框架中，提出在对遗产地采取任何行动之前就应透过搜集和分析信息来理解遗产价值，继而发展维护政策，并依照政策经营管理。[1]

《奈良真实性文件》（1994）是基于专家们为维护实务中考量文化遗产真实性、充分尊重文化与遗产多样性而起草的。该文件指出，维护文化遗产与其所有的形式与历史是根植于遗产的价值。我们了解这些价值的能力，部分是取决

---

[1]黄明玉.文化遗产的价值评估与记录建档[D].复旦大学博士论文,2009:53-54.

于这些价值的资讯来源是否可以被视为可信的与真实的。也就是说价值评估的前提是真实性。而所有对于文化遗产价值及相关资讯来源的可信度评断，在不同的文化间，甚至是相同的文化内，可能会有所差异，因此根据固定的准则评断价值与真实性是不可能的事。相反地，为尊重所有文化，必须在遗产的文化涵构中考量与评断其价值。最重要而且急迫的是依照每个文化内部的遗产价值的特殊本质、资讯来源的可信度和真实度来达成共识。这便指出价值评估必须基于整个文化体系，为价值评估界定了范围，提供了基础。

《国际文化旅游宪章》（1999）是由ICOMOS起草的，旨在促进文化遗产的保护和管理，促进文化遗产旅游的发展，推动遗产与旅游的和谐共进。该宪章是在国际大众旅游刚兴起的大背景下提出的，扩大了旅游产品的范围，同时也提醒了经营文化遗产旅游的管理者们对其的保护。其中用"具有遗产价值"的广义概念来笼统概括文化遗产，并用"保护普遍价值"来描述文化遗产价值的重要性。尽管没有明确指出价值指标，但其对文化遗产所有价值重要性的认识是非常明确的。更重要的是，该宪章指出了文化遗产与旅游业之间的关系，或许可用"使用价值—旅游"来描述：旅游者期望的价值即旅游价值和东道主社区期望的价值即经济价值可能会产生冲突，要实现两者之间有价值相互影响，面临许多挑战，也会产生许多机遇。文化遗产资源或价值和旅游业之间的交流是充满活力和瞬息万变的。旅游项目、活动和发展应实现积极效果，最大限度减少对遗产和东道主社区生活方式的不良影响，同时响应游者的需要和期望。这便为评价文化遗产旅游利用价值时指明三个主体：遗产本身、东道主居民及游客。

《北京宪章》（1999）从整合的角度出发，在综合的前提下予以新的创造，除了继续深入各专业的分析研究外，有必要重新认识综合的价值，将各方面的碎片整合起来，从局部走向整体，为建筑价值的整体评价提供了制度支持。

《西安宣言》（2005）中指出"不同规模的古建筑、古遗址和历史区域（包括城市、陆地和海上自然景观、遗址线路以及考古遗址），其重要性和独特性在于它们在社会、精神、历史、艺术、审美、自然、科学等层面或其他文化层面存在的价值，也在于它们与物质的、视觉的、精神的以及其他文化层面的背景环境之间所产生的重要联系。"前半部分论述了遗产价值评估的几个大方面，即评估指标，后半部分强调了遗产价值的讨论要重视环境概念，环境对认识遗产的重要性有极大意义，且环境的理解、记录和阐释对于遗产价值的界定与评价十分重要。宣言载明："环境的界定需了解遗产资源所包含的历史、演变和特点"，即环境蕴含着与遗产价值有关的诸多信息，我们必须对其加以充分理解，以便正确评价遗产价值的意义。

此外，国际古迹理事会在其他物质类型的文物保护中也提出了相应的保护法则，其中也都能看到对价值的论述。1999 年的《关于乡土建筑遗产的宪章》中提到了乡土遗产的实用价值与文化价值，不能忽视其文化价值，要注重实用价值，并且评价时要依靠社区的参与和支持。与其同年的木结构遗产保护准则将历史遗存价值首次写入规章中，体现了人们对该价值越来越重视，以及该价值在文物价值体系中必须占有一席之地；另外该准则着重强调了文化价值在文物价值体系中的核心地位。

壁画保护、修复和保存原则是国际古迹理事会在 2003 年提出的，该原则指导人们保护和评价文化遗产时，不仅可以从整体入手，也可以将文物分成几大块单独进行评价，进而对文物了解的更加明确、细致。"具有历史、美学和技术价值的建筑表面及其最后完工的表层必须作为历史古迹中相当重要的部分加以考虑。"尽管如此，之前对于文物价值的评价仍可适用于对文物每一个部分的评价。除此之外，该原则还指出了壁画的物质价值与非物质价值，以及用多学科交叉的方法对其展开评价。

综上从法律文件角度对文化遗产价值评估的论述，可以总结出以下几点：一、评价必须以原真性或者说真实性为基础；二、要从整体入手进行评价，当然对文物部分也可进行保护和评价；三、文化遗产评价指标演进过程：从最初的历史、艺术价值逐步扩展到其他领域，但是对文化遗产价值认识最全面的就是既从本体价值着手，也要对其使用价值进行评价。

二、国外相关制度

（一）联合国对于文化遗产的评价标准

联合国对世界文化遗产价值评估依据的是《保护世界文化和自然遗产公约》（1972）和《世界遗产公约执行操作指南》，该操作指南是在 1977 年由联合国教科文组织通过的，每年都会对其进行修订，而以 1985 年、2004 年和 2011 年版本的影响最大。其评价标准用一句概括为"对全人类文化具有'显著普遍价值'"。在最新的操作指南中"显著普遍价值"有十个评价标准，后面四个标准适用于自然遗产，这里不再详述，前六个适用于文化遗产，分别是：

1.代表人类创造精神的杰作；

2.体现了在一段时期内或世界某一文化区域内重要的价值观交流，对建筑、技术、古迹艺术、城镇规划或景观设计的发展产生过重大影响；

3.能为现存的或已消逝的文明或文化传统提供独特的或至少是特殊的见证；

4.是一种建筑、建筑群、技术整体或景观的杰出范例，展现历史上一个（或几个）重要发展阶段；

5.是传统人类聚居、土地使用或海洋开发的杰出范例，代表一个（或几个）文化或人类与环境的相互作用，特别是由于不可扭转的变化的影响而脆弱易损；

6.与具有突出普遍意义的事件、文化传统、观点、信仰、艺术作品或文学作品有直接或实质的联系。（此项标准通常和其他项并列使用）

（二）美国文化遗产价值评估制度

根据美国的《国家史迹登录制度》，将史迹分为建筑、考古、历史、工程和文化等五大类，而能列入国家史迹名录的，除了具有表现于地点、设计、材料、背景环境、感染力、工艺和关联性等七个品质特性中的完整性，时间超过 50 年，该史迹还应具备以下品性[1]：

1.与重大历史事件有关联；

2.与历史上杰出人物的生活有关系；

3.体现着某一类型，某一个时期或某种施工方法的独特个性，或某位大师的代表作，或具有高艺术价值的作品，或整体上具有群体价值的一般作品；

4.从中已找到或可能会发现史前或历史上的重要信息。

同时，建筑物历史不足 50 年，如果能提供证明该史迹价值的充足的理由，也可以登录。

洛杉矶根据该登录制度，在 20 世纪 80 年代展开了洛杉矶市的历史资源调查，并制定了《洛杉矶历史资源调查评估标准》[2]，该标准（见表 1）包括对联邦、州和城市三个层级的遗产价值标准。

---

[1]张松.历史城市保护学导论:文化遗产和历史环境保护的一种整体性方法[M].上海:同济大学出版社,2008:223.
[2]Howe. The Angeles Historic Resources survey Report[R].L.A.: The Getty Conservation Institute, 2008: 1-40.

表1 洛杉矶历史资源调查评估标准

国家登录	加州登录	洛杉矶历史文化古迹	洛杉矶历史保存覆盖区
地段、场所、建筑物、构筑物和物件在美国历史、建筑、考古、工程和文化方面有重要性,有地址、设计、背景环境、材料、工艺、感染力和关联性等方面的完整性,并且:	历史资源必须在地方、州或国家层级具有重要性,并符合下列标准:	历史或文化古迹是对洛杉矶市具有特殊历史或文化重要性的任何场所（包括该地的重要树木或其他植物）、建筑物或构筑物,如下列历史建筑或场所:	为了与地区协调配合,地区内的建筑、景观美化、自然形态或场所应符合一项或多项下列评估标准:
A.与某些在美国历史上曾做出重大贡献的时间有关;或	A.与某些在美国历史、加州或国家文化遗产方面曾做出重大贡献的时间有关;或	A.在其中反映或展现了国家、州或社区的文化、经济或社会史,或	A. 增加历史建筑品质或历史关联性,该建筑的价值来自于其年代,并具有反映时代特征的历史整体性;或
B.与过去某些重要人物的生平有关;或	B.与过去某些在地方、加州或国家历史上的重要人物生平有关;或	B.与国家、州或当地历史上重要的历史人物或事件,或	B.其特殊地理位置或突出的物质特征,代表了当地或城市公认的特征;或
C.体现一种类型、一个时代或一种施工方法的独特品质,或某位大师的代表作,或具有高度艺术价值或整体上具有重要价值;或	C.体现了某种类型、时代、地区或施工方法的独特品质,或某位大师的代表作,或具有高度艺术价值;或	C.体现一种建筑类型的独特品质,对研究年代风格或施工方法具有价值,或某位大师的代表作,其才情影响了整个时代。	C.保留了有助于保护历史地点或地区的结构,该地点或地区有城市历史方面的价值。
D.曾产生或很可能产生史前的或历史时期的重要信息。	D.曾产生或很可能产生当地、加州或国家史前的或历史时期的重要信息。		

（三）温哥华建筑遗产评价标准

温哥华建筑遗产价值评估系统以量化的方式来表示建筑遗产的价值，并对其进行分级。该评分系统见表2[1]:

表2 温哥华建筑遗产评价标准

评价标准		评分系统（括号内为评分）			
		极好	良好	好	一般/较差
建筑史（最高40分）	风格与（或）类型	本地优秀的建筑风格或类型，或是少数仅存的，或最早的良好建筑风格/类型案例（35）	本地很好的建筑风格或类型，或是较早的或稀有的风格/类型（18）	本地比较常见的风格或类型（12）	本地非常普通（0）
	设计	与当地其他建筑相比有其突出的设计（30）	与其他公认设计良好或有特别品质的建筑同等优秀（15）	有几种特别的美学或功能上的设计（10）	无特别的设计品质（0）
	构造	本地已知最早使用某种重要的或特别的建筑材料或方法，或者现今已很少甚至已不再使用的材料或方法（15）	是仅存一处最早使用某种重要或特别的建筑材料或方法，或者是几处使用了值得注意的或现今已不再使用的材料或方法的建筑之一（8）	使用了过去某个典型时期所用、但现在已不使用的建筑材料或方法，且可以在当地建筑物上普遍看到这些材料或方法（5）	无特别的显著特色（0）

[1]http://vancouver.ca/commsvcs/planning/heritage/default.htm

	设计或建造者	建筑师、设计师、工程师或建造者其确立或发展了某种风格、设计或者建造方法，功勋卓著，影响当地、全省或全国（15）	其作品对建筑和当地、全省、全国的发展有相当重要的作用（8）	其作品对建筑和当地、全省、全国的发展有某些重要的作用（5）	默默无名或不重要（0）
文化史（最高35分）	历史关联性	与对当地、全省或全国具有相当重要性的人物、团体、机构、事件或活动非常相关（35）	与该地区有相当重要的关联，或对当地、全省或全国有一定程度的重要性（18）	与对该地方性区域有一定重要性的人物、团体、机构、事件或活动相关（12）	历史关联性很小或没有（0）
	历史发展状况	直接关乎城市发展状况的确立（30）	直接关乎本地历史发展状况的确立，或本地留存的能反映最早发展状况的建筑之一（15）	提供关于本地或本市历史发展状况的有力证据（10）	不易看出与历史背景有关联（0）
脉络（最高25分）	地景或地址	其景观由许多重要的景观特征构成，并直接与该建筑的风格、设计、历史有关；或该建筑地址与街道、铁路、水滨、自然风光或其他地理特征有显著而完整的历史关系，且都成了建筑物原始功能或传统城市环境的不可分割部分（15）	其景观包括几种直接或与该建筑风格、设计和历史有关的主要特征；或建筑地址与紧邻城市环境或地理要素之间的历史关系虽已改变，但外观上仍有很强的联系（8）	其景观由一两种直接与该建筑风格、设计和历史有关的特征，或建筑地址与其紧邻的城市环境或地理特征之间的历史关系虽已改变，但仍可辨识出来（5）	没有重要的、可识别的景观特征，或建筑物与其地址（0）

周边环境	该建筑在一个和谐使用的地区中，是一个有类似风格、类型和年代的永久且显着建筑群的重要组成部分（20）	该建筑在一个和谐使用的地区中，形成了毗邻有类似风格、类型和年代的建筑群的一部分（10）	该建筑是和谐使用地区中建筑群的一部分，或不是其中一分子但位于一个和谐使用的地区（6）	该建筑并非有类似风格、类型和年代的建筑群的一部分，且位于非和谐使用的地区（0）
视觉象征意义	本市的重要标志建筑或重要的象征性建筑（25）	一地区主要的标志性建筑或象征性建筑（13）	有限地域内的标志性或象征性建筑（8）	无标志或象征意义（0）
完整性	没有减损其建筑风格、设计和建筑施工方面的改变（0）	有些改变，虽然能看出来，但没有太影响其风格、设计和施工（-5）	有一个主要或几种次要的改变，对建筑原貌有些损害（-8）	改造太多，破坏了其风貌（-15）
总分100				

（四）英国建筑遗产的登录制度

英国能作为登录建筑的，必须是"有特殊建筑艺术价值或历史价值，其特征和面貌值得保存的建筑物"。该选定标准[1]包括：

1.在建筑类型、建筑艺术、规划设计或显示社会经济发展史方面有特殊价值，如工业建筑、火车站、学校、医院、剧场、市政府、救济院、监狱等；

2.技术革新或工艺精湛的代表作，如铸铁、预制技术、混凝土技术的早期

---

[1]Ross, M. Planning and the Heritage (Appendix A: The Criteria for Listing) [M]. An Imprint of Chapman & Hall, 1996.

建筑；

3.与重大历史事件和重要历史人物有关的建筑；

4.有完整性的建筑群体，特别是城镇规划的范例，如广场、连排住宅、典型村落等。

年代稀有程度，从建筑年代上来判定的原则是：

1.现存的 1700 年以前的所有建筑；

2.1700–1840 年完成建筑的大部分；

3.1840–1914 年之间有一定价值的建筑；

4.1914–1939 年间高质量的建筑，他们为此期间古典主义、现代主义和其他风格的代表作；

5.1939 年以后的建筑精选少数杰出的作品，一般建成不到 10 年的建筑不予考虑（1988 年前为 30 年年限）。

（五）日本历史文化财保护制度

日本的文化财即文化遗产登录制度对于遗产的保护领先于亚洲其他国家。其文化财的登录标准是：建成后经过 50 年的建筑物，具备以下三个条件之一即可[1]，所以说，其范围相当广：

1.有助于国土的历史性景观之形成者；

2.成为造型艺术之典范者；

3.难以再现者。

文化财登录制度拓宽了文化遗产保护的广度。

综上国外遗产保护制度中，对于遗产登录或分级的标准，就是将重点文物从普通文物中区别开来的标准，也即评价标准。而每个国家根据各自不同的情况制定了不同标准，但是从文化遗产的概念来看，各个国家关注的建筑标准相

---

[1]张松.历史城市保护学导论:文化遗产和历史环境保护的一种整体性方法[M].上海:同济大学出版社,2008:227.

对较多，而其余的文物遗产类型并没有体现出来。

三、国内相关制度与标准

（一）文物保护法及文物古迹保护准则

我国《文物保护法》在评估标准方面，第三条载明不可移动文物根据其历史、艺术、科学价值，可以分别确定为全国重点文物保护单位、省级和市县级文物保护单位，但没有进一步明确表述三种价值的内涵和据以评价的标准。

而《中国文物古迹保护准则》是以《文物保护法》为基础，参照以 1964 年《国际古迹保护与修复宪章》(《威尼斯宪章》) 为代表的国际原则制定的。该准则包括三个部分的内容，即准则本文、准则阐述、案例阐释，于 2002 年正式发行。在阐述部分将历史、艺术、科学价值作了进一步讲解。在此便不做赘述。

（二）台湾遗产价值评估制度

在台湾的文化资产保存法中对文化资产定义了其中类型及四种价值：历史、文化、艺术、科学价值，并对各个价值进行了阐述。不同类型的文化资产由于保护方式不同，其价值评估的标准也不尽相同。下表[1]就列出了台湾文化资产类别对应保护方式与评估标准。

---

[1] 文化资产执行手册(台湾).行政院文化建设委员会.2006:1-16.

表 3　台湾文化资产价值评估标准

遗产类型	保护方式	评估标准
古迹	中央指定或地方制定	1.具有历史、文化、艺术价值。 2.重要历史事件或人物之间的关系。 3.各时代表现地方营造技术流派特色者。 4.具有稀少性、不易再现者。 5.具有建筑史上之意义，有再利用之价值及潜力者。 6.具有其他古迹价值者。
历史建筑	地方登录	1.具有历史文化价值者。 2.表现地域风貌或民间艺术特色者。 3.具有建筑史或技术史之价值者。 4.其他具历史建筑价值者。
聚落	中央登录或地方登录	1.整体环境具地方特色者。 2.历史脉络与纹理具保存价值者。 3.设计形式具艺术特色者。 **重要聚落的登录基准为：** 1.整体及周围环境具重要地方特色者。 2.整体历史脉络与纹理具重要保存价值者或濒临消失者。 3.整体设计形式优良具全国独特性之艺术特色者。
遗址	中央指定或地方登录	1.遗址在文化发展脉络中之定位及意义性。 2.遗址在学术研究史上的意义性。 3.遗址文化堆积内涵之特殊性与丰富性。 4.遗址保存状况之完整性。 5.遗址供展示教育规划之适当性。 6.具其他遗址价值者。
文化景观	地方登录	1.表现人类与自然互动具有文化意义。 2.具纪念性、代表性、或特殊性之历史、文化、艺术或科学价值。 3.具时代或社会意义。 4.具罕见性。 （主管机关得依地方特性，另定补充规定）

（三）苏南建筑遗产评估体系

苏南建筑遗产评估体系[1]是《苏南建筑遗产评估体系及应用研究》课题组的一个成果，该课题组是苏州市文物管理委员会和东南大学建筑系于 1997 年成立。而该评估体系是国内首个针对建筑遗产的较为系统的评估体系。

表 4 苏南建筑遗产评估体系

项目	子项	选项			
历史价值	建造年代	明朝	清朝	民国时期	解放后
	相关历史名人与事件	全国知名人与事	地方知名人与事	一般人与事	无记载
	地方历史背景与文化特色	历史与文化很突出	历史与文化较突出	一般人与事	
科学价值	结构特色	结构特别，保存完好	结构特别，但有损坏，一般地方性结构保存完整	一般地方性结构损坏	一般地方性结构损坏严重
	施工水平（水作、木作、石作）	三项均加工精细	其中两项加工精细	其中一项加工精细	三项加工都不精细
	建筑组群保存完好程度	室内、院落完整保存原有风貌	室内、院落其中一项保存完整	两项均有改变	严重改造，无法看出原有风貌
艺术价值	空间布局艺术	高	较高	一般	
	造型艺术	高	较高	一般	
	细部工艺艺术	高	较高	一般	

---

[1] 苏州市文物管理委员会办公室, 东南大学建筑系. 苏南建筑遗产评估体系课题研究报告[R]. 国家文物局 2000 年重点科研项目, 2000.

环境价值	相对位置的重要性	位于主要旅游线景观观景点视野范围	位于次要旅游线景观观景点视野范围	一般	
	与周围环境及建筑的协调性	协调	较协调	一般	
使用价值	建筑质量（地基、柱、梁、顶、斗拱）	地基、柱、梁、顶、斗拱保存完好，屋顶少有漏水	柱、梁尚好，其他构件有不同程度损坏	柱、梁有歪闪，倾斜在柱高5%左右	破坏严重，倾斜在柱高8%左右
	基础设施	有自动抽水系统，电路畅通	无自动抽水系统，但用水方便，水质较好，电路畅通	用水方便，但水质不好，电路不畅通	用水不便，电路不通

综上，在国内外制度中对文化遗产或者建筑的评价都给予了相应的标准或体系，然而这些标准制度落实起来仍具有很大的差异性，这些差异性体现在评估人员对于标准的理解、评估人员自身的经验等。在苏南建筑遗产评估体系中，研究者参考国内外评估内容，以及我国过去的评估方式而产生，看上去很是完备，但是该评估体系并没有为每个指标赋予相应的权重，仍具有一定的缺陷。

四、国外学者研究概况

奥地利艺术史家里格尔（A.Riegl，1858-1905）[1]是最初提出古迹价值体系的学者，他首先提出了纪念物的几种主要价值。值得指出的是他认为古迹在历史的推进中能积淀出年岁价值，而该价值有可能取代历史价值。他提出的评估体系在现代许多学者仍继续沿用。

---

[1]Riegl,Alois,Der moderne Denkmalkultus.Historical and Philosophical Issues in the Conservation of Cultural Heritage.[M].L.A.:The Getty Conservation Institute,1996:69-83.

表5 里格尔（Riegl）的古迹价值体系和对应的保护措施

价值类型	价值描述	保护措施
历史价值	对应一个特定的历史时间，呈现其间人类在某特定领域的创造发展	必须复原古迹的"原始"状态
年岁价值	要如实呈现古迹的变化与演进，主要在传达时间的递嬗	仅有保存措施，维持古迹现状即可
蓄意的纪念价值	主张一种不朽、永恒的现在	必须修复古迹，以维持其纪念性
使用价值	实际功能的实现	使古迹保持功能、符合当代的需要
艺术价值	传达美感的愉悦：是每个时代相对的、变化的艺术观念	需要保持外观形状与颜色的完整
崭新价值	为传达当代的"艺术精神"（kunstwollen）而排斥岁月的痕迹	将古迹修复成崭新面貌

英国学者费尔登（Feilden，1982）[1]提出了建筑遗产评价体系，他为每个指标建立了评估标准。价值评估的目的是为了保护，而其以价值的优先顺序作为采取干预的决定因素。

表6 费尔登的历史建筑价值构成及内涵

价值类型	价值内涵与描述
情感价值	1.惊奇；2.认同；3.延续性；4.尊重与崇拜；5.精神与象征价值。
文化价值	1.纪录；2.历史；3.考古学价值、年岁价值和稀缺性；4.审美与象征价值；5.建筑学价值；6.城市景观、地貌景观和生态学价值；7.技术和科学价值。
使用价值	1.功能价值；2.经济价值（包含观光）；3.社会价值（也包含认同与延续性）；4.教育价值；5.政治和民族价值。

[1] Feilden.Conservation of Historic Buildings[M].Elsevier,2003:Ⅷ,费尔登等.(Feilden&Jokilehto).世界文化遗产地管理指南[M].上海:同济大学出版社,2008:23-25.

　　莱普（Lipe，1984）在他的文化资源价值体系中，价值类型有四种，即经济价值、美学价值、联想或象征价值、信息价值。他认为资源的价值是相对的，而价值评估是在一个保存有价值的文化资源的循环过程中不断进行的。

　　俄国学者普希金（O.H.Prutsin，1993）[1]另辟蹊径，从修复的角度出发，建立了建筑遗产评价系统。他指出建筑遗产六种价值：历史价值、城市规划价值、建筑美学价值、艺术情绪价值、科学修复价值、功能价值。

　　澳大利亚学者戴维·索罗斯比（David Throsby）在其2001年新著《经济学与文化》（Economics and Culture）[2]中提到了文化产品六种价值，分别是审美价值（aesthetic value）、精神价值（spiritual value）、社会价值（social value）、历史价值（historical value）、符号价值（symbolic value）和真确性（现在说的原真性）价值（authenticity value）。这样多角度的描述了文物的价值，也说明了其对文物价值的全面而细致的认识。

　　Ana Bedate等人（2004）对西班牙Castillay Leon地区四个案例地的文化遗产地进行了价值评估，更准确的说是经济价值评估，而其所描述的经济价值也是从效益论出发的，即与利用价值有关联。

　　McKercher等（2006）在评价香港文化旅游资源的旅游者潜力时用文化、物理（可达性、安全性、范围等）、产品和旅游价值，且都是定性指标，用的方法也是访谈法，主观性较强。

　　印度尼西亚西北大学的菲特丽（Isnen Fitri，2015）使用文献研究法和群体决策法研究了文化遗产价值的评价体系，其中包括五大类。而值得说明的是其把教育、经济和娱乐价值看做文化遗产在开发过后产生的效用。[2]的确这些显性价值是在文化遗产开发旅游后才能展现的价值，但是这些价值是潜在存在的，因此这些价值也应该加入到文化遗产的评估体系中去。

---

[1]普鲁金(Prutsin).建筑与历史环境[M].北京:社会科学文献出版社,1997:40-63.
[2] David Throsby. Economics and Culture[M].Cambridge University Press,London,2011:28-29.

而在评估方法方面，许多的国外学者评估文物遗产的价值都是从经济学角度入手，将文化遗产中无法量化的价值以市场商品一样进行货币化，[1]导致出现了以无价格管理为理念的大量学者的反对。[2]在文化遗产旅游价值评估方面，Catherine Liston-Heyes（1999）运用旅行费用法（TCM）对英国德文郡的达特姆尔高原国家公园的游憩价值进行了评估；日本学者 lamtrakul（2005）[3]、亚美尼亚学者 Meisner （2006）[4]分别对日本佐贺市的多处公共公园和亚美尼亚的 Sevan lake 的休闲游憩价值进行了评估。

五、国内学者研究概况

（一）建筑

许多学者从历史、科学、艺术价值三个方面针对具体的历史建筑进行了分析，例如韩志刚、杨学诗[5]从董府现状出发，详细分析了该建筑的文物价值，认为其兼容并蓄南北建筑的风格，具有较高的历史、艺术、科学价值，并表明董府建筑更以实用的物质形态而存在，可古为今用；杨承杰[6]分析了宜昌市天然塔的文物价值，具有较高的历史、艺术和科学价值，认为其体现了砖石塔建筑特色和独特的艺术造型风格；展海强[7]结合香严寺周边环境以及寺内古建筑概况，分析了香严寺古建筑群落的珍贵价值；赵祥明[8]分析了岱庙西华门的文物价值；

[1]程圩. 文化遗产旅游价值认知的中西方差异研究——以旅西安游客为例. 陕西师范大学, 2009.
[2]蔡建辉. 城市森林的环境价值评估及其政策. 北京林业大学, 2001.
[3] IamtrakulP,EknomoK,Hokao K. Public park valuation using travel costmethod, Proceedings of the Eastern Asia Society forTransportation Studies,2005,5, 1249-1264.
[4] MeisnerC,WangH,Laplante, B. Welfaremeasurement convergence through Biasadjustments in general population and on-site surveysi-An applicationto water-based recreationat lakesevan,Annenia.World Bank PolicyResearchWorking Paper3932,June 2006.
[5]韩志刚, 杨学诗. 董府古建筑的现状与文物价值[J]. 固原师专学报(社会科学), 1998. 1:63-65.
[6]杨承杰. 宜昌大然塔的文物价值及其保护工作[J]. 三峡人学学报(人文社会科学版)[J], 2003.25(3):15-17.
[7]展海强. 谈柳林香严寺一占建筑的文物价值及保护[J]. 山西建筑, 2006.32(21):44-45.
[8]赵祥明. 浅析岱庙西华门的文物价值和科学保护[J]. 古建园林技术, 2006.2:9-11.

邢晓莹[1]从哈尔滨建筑产生的历史背景出发，分析了宗教建筑遗产具有历史、艺术和科学价值，是重要的文化遗产。

有的学者在上述三大价值的基础上，增加了文化价值，例如杨进发[2]研究了江南特色民居卢宅的文物价值，其堪称中国现存明清以来乡土建筑的典范，展示了其高超建筑艺术，具有历史、文化、艺术、科学等方面的精深内涵和极高价值。王佳欣、金丽[3]分析了天津现存的西洋近代建筑对进行旅游开发所具有的价值，认为它们是中国和全世界共同拥有的珍贵遗产，具有不容忽视的巨大的历史、文化、艺术和科学价值。

吕舟[4]认为文物建筑除了历史、艺术与科学价值，还具有文化价值及情感价值——文化价值指遗产与"某一特定的地方文化之间的联系，或在文化的发展或延续过程中所具有的作用"，情感价值则是指遗产由于与地方文化、历史、环境所特有的密切关系而成为该地的标志物，并与特定人群产生怀古联系。李新建与朱光亚[5]也认为应该增加情感价值或社会价值，"建筑遗产对今天的社会和人群的生产生活、行为方式、情感信仰、风俗习惯的影响似乎成为其价值体系中被忽略的部分"。随后朱光亚[6]通过讨论传统建筑遗产评估的意义，借鉴国外建筑遗产评估法则，详细描述加拿大历史建筑资料管理局对古建筑的评估，指出了中西古建筑评估的差异及注意事项，以呈坎为例，构建了古建筑遗产评估表。

[1]邢晓莹.哈尔滨宗教建筑遗产的文物价值与保护.黑龙江社会科学,2006,3:100-102.

[2]杨进发.论江南古民居卢宅的文物价值[J].浙江建筑,22(2):3-5.

[3]王佳欣,金丽.天津现存西洋近代建筑的旅游开发价值研究[J].天津城市建设学院学报,2005,11(4):239-241.

[4]吕舟.文物建筑的价值及其保护[J].科学决策,1997(4).

[5]李新建,朱光亚.中国建筑遗产保护对策[J].新建筑,2003(4):38-40.

[6]朱光亚,蒋惠.开发建筑遗产密集区的一项基础性工作一建筑遗产评估[J].规划师,1996(1):33-38.

表7 加拿大历史建筑资料管理局古建筑评估表

项目	评估内容	以保护历史性建筑为目的时的分数	以保护商业区有意义的传统建筑为目的时的分数
A	建筑艺术价值	40	35
B	历史价值	45	25
C	环境价值	5	10
D	使用价值	0	15
E	完整性	10	15

表8 呈坎古建筑遗产评估表

户主:						
评价标准						
A	建筑的历史文物价值　　得分：25%		优	良	好	差
	1.建筑年代久远程度		10	5	2	0
	2.结构完好程度		10	5	2	0
	3.是否为当地民居范例		10	5	2	0
	4.是否与当地历史著名人物、事件相关联		8	4	2	0
B	建筑的科学价值　　得分：20%		优	良	好	差
	1.是否有重要的学术科研价值		10	5	2	0
	2.建筑工程、材料的科学价值		8	4	2	0
	3.村落结构体系的规划价值		10	5	2	0
C	建筑的艺术价值　　得分：30%		优	良	好	差
	1.建筑的地方特色是否明显		20	8	4	0
	2.建筑的细部、装修工艺是否精良		8	5	2	0
	3.在村落规划布局中的艺术特征性		8	5	2	0
	4.建筑对形成外部空间环境及景观效果所起的作		9	8	2	0
	5.是否是村落中的传统建筑物		15	5	2	0

D	建筑的实用价值 得分：15%	优	良	好	差
	1.作为旅游资源的可开发利用程度	10	5	2	0
	2.建筑完好程度及保护维修费用	10	5	2	0
E	建筑是否有某一特征 得分：10%	优	良	好	差
		25	10	5	0

程建军[1]通过对文物古建筑的概念鉴定，分析了各国文物建筑价值评定与标准各有不同，并以广州市的文物古建筑为例，探讨了用"评分法"从文物的历史价值、艺术价值、科学价值、年代和规模进行赋值，并加以定性的分析，对文物进行分级。

张湃[2]认为文物保护单位的综合价值评估是对下图中四个部分价值评估的综合，是对文物保护单位文字、数据信息的统一归纳。将文物古建筑本身所体现的历史价值、艺术价值、社会价值、经济价值、科学价值等各种类型价值进行归一。其通过数学模糊原理为评估指标设权重，并计算出曲村镇大悲院的文物价值。

---

[1]程建军.文物古建筑的概念与价值评定.建筑历史与理论第五辑,1994.
[2]张湃.晋南全国重点文物古建筑价值评估方法研究[D].硕士学位论文,太原理工大学,2010.

```
        ┌─────────────────────────────┐
        │      文物古建筑价值评估体系       │
        └─────────────────────────────┘
      ┌──────┬─────────┬────────┬──────┐
      ▼      ▼         ▼        ▼
┌────────┐┌────────┐┌────────┐┌────────┐
│保全保护 ││保护单位 ││院落设施 ││周边环境│
│护稳单位 ││护单整体 ││落设施条 ││边环境评│
│单定单体 ││单位整风 ││设施条件 ││环境评估│
│体性建筑 ││整体风貌 ││条件评估 ││评估   │
│建评筑的 ││风貌评估 ││评估    ││估     │
│筑估的安 ││评估    ││        ││       │
└────────┘└────────┘└────────┘└────────┘
      └──────┴─────────┴────────┴──────┘
                    ▼
        ┌─────────────────────────────┐
        │     文物保护单位综合价值评估      │
        └─────────────────────────────┘
```

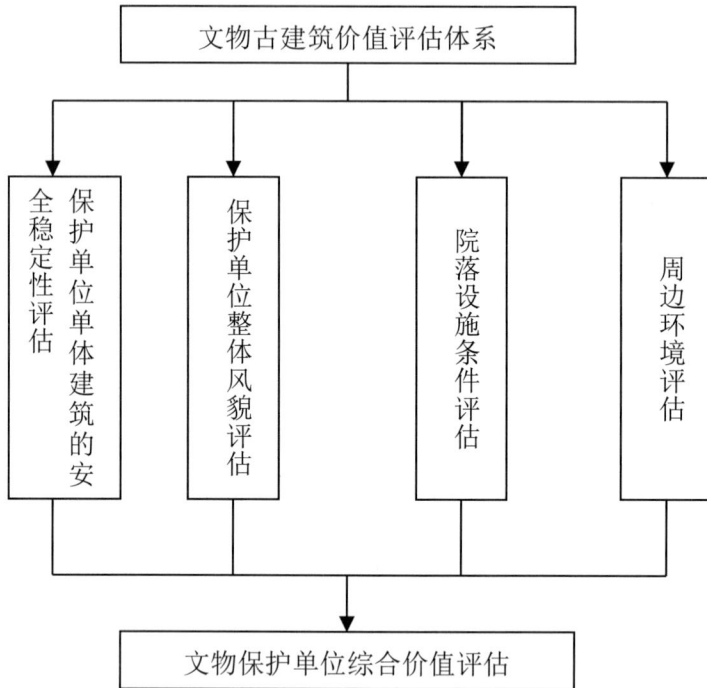

图1 张湃文物古建筑价值评估体系

（二）遗址

张祖群[1]认为大遗址又可以划分为大型古遗址、古墓葬，或可引申为以遗址为主体的大型文物保护单位及其体系或组群。大遗址价值(V)分解为文化价值(C)与经济价值(E)两部分，即 V=f(C,E)=C+E。其文化价值通过旅游、观赏、娱乐、体验、游憩等形成消费意义上的经济价值；大遗址的价值是其固有的历史、艺术、科学价值而非经济价值。

---

[1]张祖群.大遗址的文化价值、经济价值分异探讨——汉长安城案例[J].北京理工大学学报(社会科学版),2006,8(1):22-25.

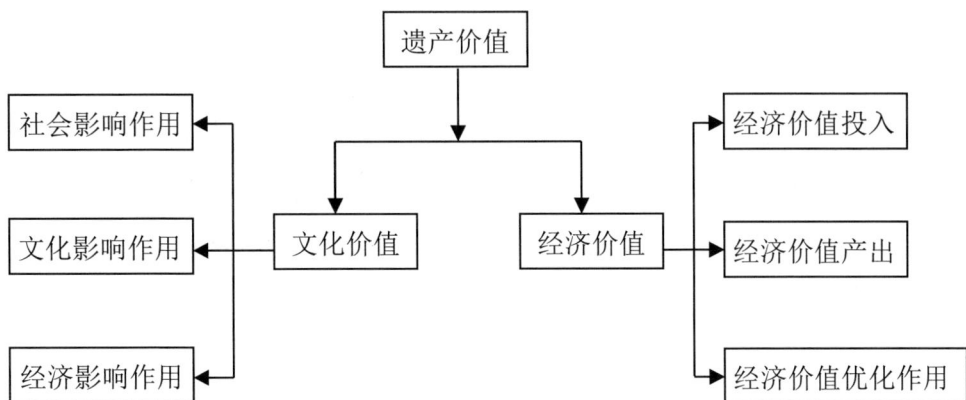

图 2 张祖群大遗址价值构成体系

戴俭等[1]通过国内外评估体系的比较分析，结合价值评估体系构架的方法，对我国大遗址价值评估体系进行了初步研究，对价值评估体系的要素设定进行了解释，并构建了一个评估体系(见下图)。

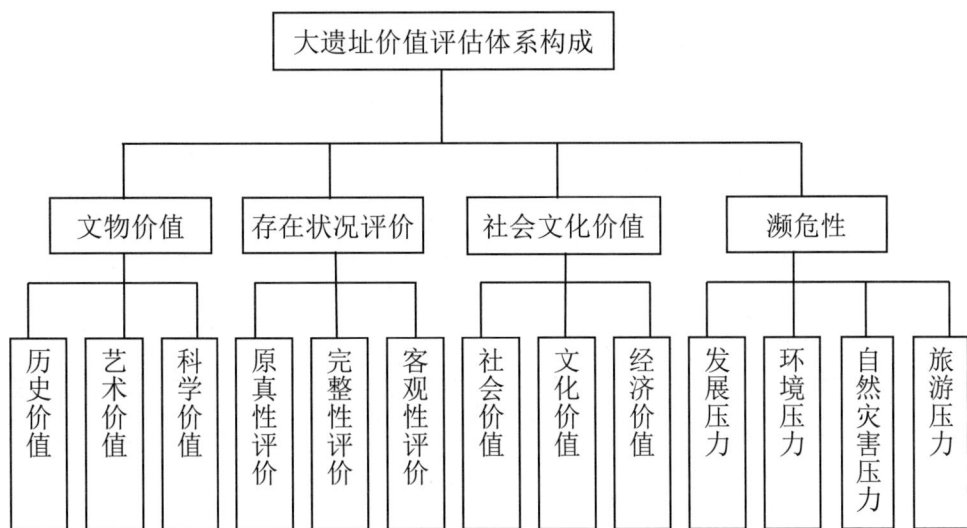

图 3 戴俭 大遗址价值评估体系构成

[1]戴俭,侯晓明,冯晓芳.大遗址价值评估体系研究[J].中国文物科学研究,2012,3:25-27.

王银平[1]认为正确认识大遗址的整体价值才能对其实行有效的保护和合理的利用。在对昙石山遗址价值的定量评价中，将大遗址的历史文化价值、科学研究价值、艺术价值、社会文化价值和附加值5大类16项评价因子组成大遗址价值评价指标体系，并通过特尔菲法进行赋值，以此来判定大遗址的级别，为保护利用的整体模式选取提供参考。（特尔菲法又称专家调查法，就是根据经过调查得到的情况，凭借专家的知识和经验，直接或经过简单的推算，对研究对象进行的综合分析研究，寻求其特性和发展规律，并进行预测的一种方法。）

表9 王银平昙石山大遗址价值评价指标体系

评价项目	评价因子	评价依据	赋值	昙石山得分
历史文化价值	知名度和影响力	世界级文化遗产	7	5
		国家级重点文物保护单位	5	
		省级重点文物保护单位	3	
		县级及以下文物保护单位	1	
	奇特性	代表某一时期的风格特征，而且是唯一的历史见证遗存	6	4
		代表某一时期的风格特征，而且为数不多的历史见证	4	
		同类的历史遗存较多	2	
	完好度	遗址保存完整，区内环境风貌单一，无居民	7	3
		遗址保存完整，区内环境风貌较复杂，居民较多	5	
		遗址保存较完整，区内环境风貌较复杂，居民较多	3	

---

[1]王银平.大遗址价值评价体系与保护利用模式初探——以昙石山遗址保护与利用规划为例[J].东南文化,2010,6:27-32.

		遗址保存较少，区内环境风貌复杂，居民众多，大多数遗址被叠压或破坏	1	
	年代度	秦代以前的遗存	5	5
		秦汉时期的遗址	4	
		隋唐时期（包括魏晋南北朝）的遗址	3	
		宋元明清时期（包括五代十国）的遗址	2	
		近代的遗址	1	
科学研究价值	科技水平	代表一个时期的综合技术水平	8	8
		在建筑技术、材料技术、制造技术、生产技术等众多领域中，至少有两方面代表一个时期的科学水平	5	
		仅在某一方面代表一个时期的科技水平	3	
	历史考证修补	填补历史记录的空白	6	6
		修补错误的历史记载	4	
		证实历史记载	2	
	研究度	一种新的文化起源的代表（如三星堆遗址）	6	6
		一种典型文化的代表	4	
		普通文化的代表	2	
	规格度	帝王级别和国家级别（包括帝陵、都城、国家的工程和代表性的古文化遗址等）	5	3
		官僚级别和地方级别（包括地方性的墓群、城址和工程遗址等）	3	
		一般级别	1	

艺术价值	艺术性	遗址布局严整，体现较高的规划水平（如都城遗址、园林遗址等）	10	4
		遗址布局较严整（如帝陵等）	8	
		遗址布局没有太多的讲究（如古文化遗址）	4	
	丰富度	文物数量多、类型多	8	8
		文物数量较多、类型较少或者类型较多、文物数量较少	5	
		文物数量较少、类型较少	3	
	珍稀度	文物是国内仅有，是某一类型的代表作	7	4
		文物是国内稀有，是某一类型的代表作	4	
		文物在国内同类的较多	2	
社会文化价值	宣传教育	体现我国古代辉煌成就，世界上独一无二	10	3
		体现我国古代辉煌成就，是世界上的少数代表之一	7	
		体现我国古代辉煌成就，是世界上或者国内同类型的较多	5	
		是古代某一方面成就的代表，国内同类的较少	3	
		是古代某一方面成就的代表，国内同类的较多	2	
	旅游	距离城市较近，人文自然景观组合好	6	4
		距离城市较远，人文自然景观组合好	4	
		距离城市较近，仅有人文景观	3	
		距离城市较远，仅有人文景观	2	
	文化传承	是当地文化起源的载体，体现了当地传统文化特色	5	5
		体现当地的非主流文化	3	
		没有体现当地的传统文化	1	

	精神价值	工程浩大，技术精湛，是民族精神的象征（如长城）	4	
		体现民族力量和精神，是世界上少有的（如闽越王城遗址）	3	1
		某一时期的遗址，体现先民的精神力量	1	
附加项	遗址规模	特大型：5000公顷以上	5	
		大型：500–5000公顷	3	1
		中型：50–500公顷	2	
		小型：50公顷以下	1	

（三）近现代文物建筑

张媛[1]在评价近现代文物建筑的旅游价值时，对旅游价值的定义是指它的文物价值可以被挖掘并转化为旅游产品的可能性。她用本体价值和开发价值之和来代表近现代文物建筑的旅游价值，与其他学者关于旅游价值的评定相差极大。她的评估体系是建筑的整体价值。

表10　张媛近现代文物建筑的旅游价值评估体系

目标层	项目层	因子层	因子层
近现代文物建筑的旅游价值	本体价值	建筑价值	建筑美
			原真性
			完整性
			地方性
			奇特度
			稀缺性
			知名度

---

[1]张媛.中国近现代文物建筑的旅游价值评价研究[D].中国海洋大学硕士学位论文,2008.

			科学研究价值
			情感价值
		文物价值	历史事件或人物
			宗教价值
			民俗价值
			文化延续价值
开发价值		资源特性	资源普遍性
			资源聚集度
			环境和谐度
		经济环境	投资政策
			投资收益率
		文物保护	政府保护开发态度
			保护技术水平
			保护协调机制
		开发难易程度	交通便捷性
			旅游环境容量
			公共基础设施
			旅游设施
			资源所在地安全程度
			资源所在地旅游形象
			生态环境

（四）文物

谢庚龙[1]在国内是较早论述文物价值的，其认为文物古迹的内在价值包括历史价值与艺术价值，并分别对历史价值与艺术价值进行分析，得出了历史价值和艺术价值单项分类具值表。但其仅将价值分为两类，非常片面。

章建刚[2]认为应该从符号的角度来认识文物及价值。"离开了符号系统就没有价值系统而言"。他用了一个文化符号的价值构造来描述文物价值。而该文化符号的价值构造恰恰与前文所说的澳大利亚学者思罗斯比的价值体系相照应，只是原真性价值仍需单独论述。

王世仁[3]认为文物保护工作中最重要的环节是对文物的价值评估。而他也对我国《文物保护法》中关于文物价值评估的标准提出了不同意见，我国文物法规定文物的三大价值 （历史价值、艺术价值、科学价值） 是文物自身的价值，总体上都属于历史价值。同时，在当代社会，文物又具有社会价值。《中国文物古迹保护准则》第四条规定"文物古迹应当得到合理的利用"，其含义就是要发挥文物的社会价值。历史价值与社会价值的统一是保护文物的最高目标。此外历史价值与社会价值是相辅相成的，社会价值的基础是历史价值，对社会价值的评估要掌握的"底线"就是必须有利于保存自身的历史价值。

刘洪丽等[4]针对国内文物价值评估存在的问题，建立了文物价值评估指标体系（见下图），尝试采用AHP（层析分析法）法，利用Matlab编程进行文物价值定量评估，以榆林窟为例，根据评估得出价值相对重要性，提出保护利用措施

[1]谢庚龙.定性定量估计文物古迹的内在价值[J].城市规划,1990(6):42-44.
[2]章建刚.文化遗产的真确性价值与遗产产业的可持续发展[A].见:徐高龄等编.文化遗产的保护与经营——中国实践与理论进展[M]北京:社会科学文献出版社,2003:6-18.
[3]王世仁.中国文物古迹保护准则的主要理念.见:中国文物研究所编.文物 古建 遗产:首届全国文物古建研究所所长培训班讲义[M].北京,燕山:2004:48-49.
[4]刘洪丽,张正墨,郭青林.文物价值定量评估方法研究——以榆林窟为例[J].敦煌研究,2011,6:13-17.

与建议，为正确处理文物保护和利用的矛盾，制定合理的保护利用策略提供理论基础和技术支撑。

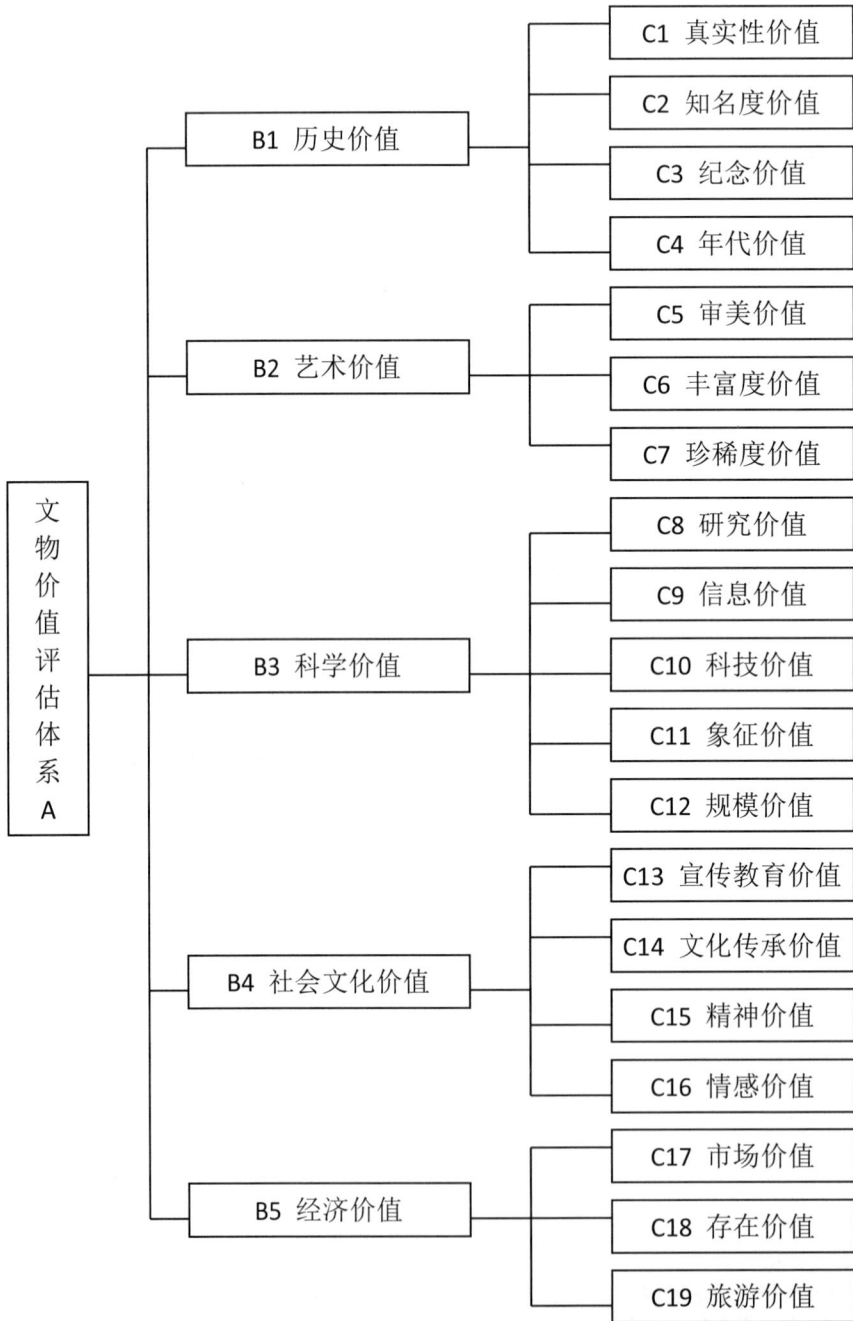

图4 刘洪丽文物价值评估体系

　　李秀清[1][2]依据三峡工程淹没区内文物古迹的特定地位,阐明了其文物价值,不应仅从现定文物级别下定论,还应立足于三峡地区本身的历史、文化及地理背景，从历史、艺术、科学等各方面去识别、评价。由于三峡工程淹没区内文物包罗万象，在对不同类型的文物进行价值评估时，其出发点、侧重点乃至整个价值评估体系，存在着一定的差异性，其就根据淹没区内建筑、石刻、古遗址以及古墓葬四大类分别进行了论述评价。

　　李修松[3]认为文物的价值包含两方面，即文物的现实价值和文物自身所潜在的逐步提高的未来价值。文物的现实价值包括表层经济价值和深层价值。而文物的未来价值是说随着社会的发展，文物的价值将越来越高，这是为世界历史发展所证明了的。据说，瑞典的斯德哥尔摩当年旧城改造时只保留了一平方公里的旧城文貌，如今这一平方公里的文物分布区所取得的GDP竟然超过全城任何一个区域的多倍。

　　蔡达峰[4]在《文物学基础》一文中，提出文物有双重价值：物质价值与信息载播价值，且其价值并不是恒定的，反映着时代精神和人们观念的变化。他将目前国内文保法中列出的三大价值归类为信息价值，且将历史价值改称为社会人文价值，一者是因为考虑到历史概念与艺术、科技概念的不对称性（艺术、科技价值即包含在艺术史与科技史当中），另一方面即是注意到目前国内的遗产价值体系中社会人文价值的缺位。

　　总之，人们对于文化遗产价值的认识经历了一个由表及里、由浅入深的过程。从最初遗产本身所具有的本体价值逐渐认识到遗产与其所处环境接触而产生的外在价值，再到遗产能为社会产生巨大利益的使用价值。

[1]李秀清,李宏松.三峡工程淹没区文物古迹的价值评估(一)[J].长江流域资源与环境,1998,7(2):132-139.
[2]李秀清,李宏松.三峡工程淹没区文物古迹的价值评估(二)[J].长江流域资源与环境,1998,7(3): 213-221.
[3]李秀清,李宏松.三峡工程淹没区文物古迹的价值评估(一)[J].长江流域资源与环境,1998,7(2):132-139.
[4]蔡达峰.文物学基础[J].文化遗产研究集刊第一辑,2000.

六、构建本体价值与利用价值"合成"的评估体系

保护文物的目的一方面是传承文化遗产，另一方面是合理利用。传承就得认清价值。文物的本体价值是指文物本身所具有的内在价值，也就是传承的内容，对其正确的评价认识是文物保护的必然要求，是传承的前提。而对文物的合理利用，对其社会、文化、经济影响的作用做出评估，也能为文物保护提供科学的依据。

之所以用"合成"，是因为不仅要单独构建文物本体价值评估体系和利用价值评估体系，更要将两个体系合二为一，作为评估文物整体价值的标准，从而更全面的认识文物价值，为文物保护提出指导。

第三部分

文物保护单位旅游利用价值评估体系研究
——基于对山西部分重点文物保护单位的考察

摘要：文物保护单位（以下简称"文保单位"）是我国重要的文化遗产，由于其拥有深厚的本体及旅游价值，使其成为我国文物旅游兴起与快速发展的重要资源依托。与此同时，文物旅游为政府及文保单位带来的资金收入支持了文物的保护、修缮与修复。正如北京大学教授、国际旅游学会秘书长吴必虎所说的遗产活化是保护的重要方式。但是并非所有的文保单位都适合发展旅游，有的文保单位历史很悠久，本体价值很高，但是由于自身的和外部因素的制约不能发展为旅游景点；而且发展成为旅游景点的文保单位在经营业绩、游客量等方面也存在很大的差异。究其原因，主要是文保单位的旅游利用价值大小不同所造成的。

通过相关文献资料检索梳理发现，旅游利用价值在某些文献中有所使用，但对其概念并没有统一的认识，也没有统一的评价标准。再加上文保单位种类繁多，属性各异，特征不同，评价其旅游利用价值难度很大。

文章基于对国内外学者研究的整理与分析，对旅游利用价值的概念提出了自己的认识，包括本体价值角度和利益相关者角度。本体价值角度是假设在旅游资源还未被开发的情况下，探究其是否适合发展旅游；利益相关者角度是以效益论为基础，分析所有利益相关者所获得的效益。本文就是基于这两个角度，通过指标初选、指标修正等环节构建了文保单位旅游利用价值评价指标体系，并对评价指标进行了说明。

所构建的评价指标体系分为目标层、准则层、因子层和属性层。在本体价值角度评价体系中，准则层包含本体价值和外在因素两个指标；因子层包含五个指标，其中本体价值包含历史价值、艺术价值、科学价值和知名度与保存状况等四个指标，外在因素包含区位与环境一个指标；属性层共有 17 个指标。利益相关者角度评价体系中，准则层根据文保单位旅游利益相关者分为旅游者、居民、政府和文保单位四个类别，列成四个指标；而经过因子分析法处理后得到最终评价指标体系的因子层包含 12 个指标，属性层包含 32 个指标。

在对评价体系指标权重进行设定时，针对本体价值角度，通过询问相关专家意见并整理成数据资料，将收集的数据用灰色关联度分析法处理，得到指标权重；针对利益相关者角度，文章选定山西晋祠、龙山、双塔寺和长平之战遗址四个文保单位，通过向旅游者发放调查问卷并向其他利益相关者询问，获取第一手资料，用 SPSS 对数据进行因子分析处理及信度检验，结果具有有效性，进而得到旅游者层相关指标权重；同时由于旅游者在所有利益相关者中处于核心地位，经与相关专家协商，将旅游者角度和其他利益相关者角度的权重按照 2:1 进行分配，即将整个权重 100% 分为旅游者占 67%，其他占 33%。而居民、政府和文保单位的权重分别为 15%、8% 和 10%。

最后利用利益相关者角度的文保单位旅游利用价值评价体系对以上选取的文保单位进行了评价，验证了该体系的实用性。

文章从两个角度构建的文保单位旅游利用价值评估体系。一方面丰富了文物及旅游的理论研究，对于各类别文保单位评价具有普适性；另一方面能让人们更加全面的认识文物资源，为文保单位的保护、研究和利用提供较为科学的依据，保证文物旅游健康发展，进而实现不同主体的利益。

关键词：文物保护单位；本体价值；旅游利用价值；评价标准体系；指标权重

一、绪论

（一）研究背景

文物保护单位（以下简称"文保单位"）是我国相关部门为保护一些不可移动文物，重点保护文物本身及周围相关区域内的环境而划定的区域。文物是国家历史最重要的承载物之一，具有不可再生性，属于文化遗产的范畴。文物中蕴含了极大的价值而倍受旅游者的喜爱。而从旅游发展中可以看出将文物看作重要组成部分的文化旅游发展已趋成熟，将文物旅游作为支撑的遗产旅游也最具潜力。随着人们素质的不断提高，文物旅游作为其追求旅游文化品位和情趣的寄托而发展越来越好，势头强劲。

由此，引发学术界与文物界对文保单位利用的争论。有的学者指出利用造成的恶性冲击使文保单位逐渐进入高危期 [1]，对文保单位的损害是无法挽回的。随着旅游开发性改造对文物及其保护的负面影响的扩大，文物的旅游利用正遭受着众多专家学者的反对。然而也有学者认为文物利用是对其最好的保护，活化是保护文物遗产的重要方式。在威尼斯宪章中也提到了相似的观点，即将文物加以包装后进行对社会有益的活动，特别有助于其的保护。很显然，这两种观点都有其存在的依据，但也给文物保护者造成了极大的困扰。那我们不妨从世界其他国家的文物保护中吸取经验，如法国、西班牙、意大利、埃及等都是文物大国，同时他们也都是著名的旅游国家，且以文化（物）旅游为主，他们既重视文物保护又从文物利用中获取效益，将两者有机地结合起来，令世人向往。[2]同样地，纵观我国许多文物，如故宫、长城、皇城相府、平遥古城等保存较为完整，同时旅游发展也相当火爆。而在发展旅游中遭到破坏的文物大多由

---

[1]单霁翔. 城市化发展与文化遗产保护. 天津大学出版社, 2006, 29.
[2]李修松. 从文物价值中彰显中华文脉. 探索与争鸣, 2004, 2, 40-41.

于对文物的不了解及盲目开发造成的。此外，没有被利用的文物由于某些客观原因也会导致破损。因此通过发展旅游，合理开发利用文物并不是对其的毁灭之举，反而是保护其的重要措施。

保护文物的前提条件是对其价值的评估，正确认清文物价值也是合理利用的基础。[1]对文物价值清晰、准确评估，不仅有利于管理部门更加深入的了解文物，处理好有效保护与合理利用关系，也为国家和地区对文物资源的分级规划和管理提供更加翔实的资料和严谨的判断对比标准。此外，国外学者巴克利（Aidatul Fadzlin Bakri，2015）在2014年亚洲有关环境行为的学术会议论文中指出文化遗产价值评估及其构建评估体系形成标准的必要性。[2]并用现实中的例子——马来西亚由于没有共同的文化遗产价值认识，导致政府部门无法认同文物部门认定的国家文化遗产而遭到房地产商的破坏——说明文化遗产价值评估及其形成准则的迫切性。

而在有关文物价值的研究中，王世仁将我国文物法中提到的文物三大价值（历史、艺术和科学价值）认定为文物自身的价值[3]，即许多学者定义的本体价值。同时，有学者认为文物处于社会中，服务于社会，当具有社会价值，《中国文物古迹保护准则》中曾提到应当合理利用文物古迹，含义就是要发挥其社会价值，也即利用价值。文物属于遗产范畴，据张朝枝介绍在某种程度上遗产就被看作旅游资源，由此其也具备了旅游经济价值及其他与旅游相关价值。当然，遗产的价值远不止此，然而由于遗产的旅游价值在上层社会或者有话语权的人群中使用更广泛，故其相对其他价值往往更显性。[4]

从旅游的角度看文物，管理部门及政府、旅游开发商及旅游者关注的也是文物的旅游价值，即旅游发展带来的效用，可用旅游利用价值描述。对于文物

[1] 晋宏逵.文物建筑的价值评估与有效保护.中国文化遗产,2015,3,14-21.

[2] Aidatul Fadzlin Bakri, Norhati Ibrahim, Sabarinah Sh Ahmad,Nurulhusna Qamaruz Zaman. Valuing Built Cultural Heritage in a Malaysian Urban Context.Social and BehavioralSciences,2015,170,381-389.

[3] 王世仁.中国文物古迹保护准则的主要理念.见,中国文物研究所编.文物古建遗产,首届全国文物古建研究所所长培训班讲义.北京,燕山,2004,48-49.

[4] 张朝枝.旅游与遗产保护：基于案例的理论研究.南开大学出版社,2008,13.

管理部门及政府，旅游利用价值是通过旅游开发实现的经济效益为保护文物提供资金支持；对于旅游开发商，旅游利用价值是投资收益；对于旅游者，旅游利用价值是在旅游过程中产生的满足感、充实的体验、"诗意的栖居"。而将文物发展旅游带来的效用进行量化即评估其旅游利用价值，对于政府是否开发改造、旅游者是否值得前往有指导借鉴意义。

从文物的本体价值与利用价值的关系来看，评估文物的旅游利用价值也是势在必行。文物的价值可分为本体价值和利用价值，而有些文物的本体价值较高，而其利用价值却很低，例如晋城的玉泉东岳庙、大同的禅房寺塔等，这些全国重点文保单位却没有游客光顾，位于偏远山村的重点文保单位更是如此；当然也有一些文保单位的本体价值和利用价值都很高，如晋城的陈廷敬故居（现在所说的"皇城相府"）、大同的云冈石窟等，这些全国重点文保单位均成为国家 5A 级旅游景区。我们可以从中看出，本体价值与旅游利用价值应该属于两个不同的价值体系，对文物本体价值的评估相对探讨较多，而对文物旅游利用价值的评估却比较欠缺。因此有必要构建出一套评估文保单位旅游利用价值的指标体系，使人们能够更加客观地看清文保单位是否适合发展旅游及发展旅游的前景。

（二）研究意义

1.理论意义

本文研究了文物价值中的显性指标旅游利用价值，从文物本体角度和利益相关者角度分别构建了文保单位旅游利用价值评估体系，丰富了文物的理论研究；由于文保单位包含的类别很多，有古建筑、古遗址、古墓葬、石窟寺及石刻、近现代重要史迹及代表性建筑等，本文将综合考虑每种类型属性，选取指标兼顾共性与特性，使得构造的体系更具普适性。

2.现实意义

旅游利用价值评估是将旅游资源发展旅游产生的效用量化，使得该资产的价值更加明晰，为建立资产价值账户、实现有效管理提供条件。对文物进行合理的旅游利用价值评价能让人们更加全面的认识该资源，为文保单位的保护、利用提供较为科学的依据，实现文保单位合理保护与可持续利用的协调发展，进而实现不同主体的利益。

（三）研究内容

本研究主要包括对国内外法律法规及学者的研究现状进行整理，从而找到文章的切入点，并从这些文献资料中提取出对本文有价值的信息，包括对基本概念的理解，构建价值评估体系指标的应用等；而后总结出本研究所要用到概念的具体含义，进而构建文保单位旅游利用价值评估体系，说明体系中指标的含义及评价方法，最后针对山西部分文保单位应用本指标体系进行评估。

（四）研究方法及技术路线

1.研究方法

（1）文献资料法

文献资料法就是通过查找、搜集、阅读、分析相关文献、资料，了解所研究领域的相关知识，利用已有理论和资料证明所研究结果的方法。本文通过收集国内外法律法规、意见建议等文件关于价值评估的描述及研究[1]，同时整理国内外学者对于价值评价的成果，比较、分析了他们对于旅游价值及旅游利用价

---

[1]本文收集国内外法律法规、意见建议等文件均是从相关政府网站中获取，国内外学者的研究成果是从中国知网、万方数据库、龙源期刊网、Elsevier SD 数据库等资料库获取。

值评价指标选取的用意及方法，客观的把握了该领域的研究动态，为文章的结论提供了很好的借鉴，并奠定比较充分的理论基础。

（2）访谈法

为了使最后的结论即评价体系更具规范性、可行性、实用性，先期进行了专家访谈和市场调研深度访谈。访谈法就是研究者或访问者与特定的群体对象交谈获得所需资料的过程。本文运用的专家访谈法就是作者与对文物及旅游有过相关研究的专家进行交谈，获取他们对于文保单位旅游利用价值及其评价的看法及意见。市场调研深度访谈法就是作者深入文物保护单位景区，与景区管理者、从业人员、当地居民以及旅游者交谈，获取他们对于文物保护单位旅游、旅游利用价值及其评价的看法。

（3）问卷调查法

问卷调查法就是通过设计调查问卷，向特定的人群发放问卷并收回进行数据整理分析的方法。本文设计了关于文物保护单位旅游利用价值评价体系的调查问卷，向专家及旅游者发放，并收回进行整理及数据分析，利用第（4）（5）方法进行处理，得出相关结论。

（4）因子分析法

因子分析法是将几个比较相关的变量归为同一个因子中，以较少的变量表达原数据中大部分资料，属降维法。本文在初步构建了旅游者角度的文保单位旅游利用价值评价体系，用因子分析法对该体系进行了简单的验证及调整，并求出各因子、属性的权重。

（5）灰色关联度分析法

由于专家数据较少，不能使用因子分析法进行处理，于是本文选择了灰色关联度分析方法。该方法是根据指标间的相似、相异程度比较关联度大小，而关联度则可以作为指标权重对待。

2.技术路线

在写作过程中，本文按照定性定量相结合、理论与实践相结合的原则进行。具体工作路线是：

首先查阅与文保单位和旅游利用相关的文献资料并梳理，找到本文写作的突破口；

其次根据学者的研究并结合实际，整理出了自己对于至今还没有定义的相关概念的理解；

接着根据文献资料及专家咨询，构建了本体角度和利益相关者角度的文保单位旅游利用价值评价指标体系；并基于山西四个文保单位，通过专家及旅游者问卷调查、数据整理分析，得出各评价指标的权重；

再利用构建的评价体系对山西四个文保单位进行评价，检验该评价体系的实用性。

最后得出文章结论，找出不足，并指出了未来的研究方向。

（五）文章创新点

一是对旅游利用价值及其相关概念进行了文献分析并提出自己的理解。

二是从文保单位本体角度和利益相关者角度分别构建了旅游利用价值评价体系，既考虑到了文保单位还未被开发的情况，也考虑了文保单位开发旅游之后的情况。

三是构建的文保单位旅游利用价值评价体系考虑到了文保单位包含的所有类型，并不是针对其中一类进行评价。

二、文献综述

结合本文研究目标，从对国内外研究现状进行分析，针对文物价值评估及旅游利用价值评估认为，认为需要在以下方面加强研究：首先在文物旅游的基础理论方面，结合我国基本国情及法律法规，构建文物旅游的基本概念、框架、内涵及类别等研究体系；其次在研究方法上，既要加强改进已有的方法，同时要融合多学科特性，完善社会科学研究中文献法、调研法等方法，特别是定量方法的运用；再者就是研究对象，既要有以文物为整体的价值评估研究，也应有融入建筑、遗址、墓葬、近现代重要史迹及代表型建筑等类别特性的价值评估，同时还应有个案研究；最后就是要多角度认清文物价值，包括文物本体价值及旅游价值，并形成各个价值的单独的评价体系。（参见本书第二部分：文物旅游资源价值评估体系研究综述）

三、相关概念及方法界定

（一）文物保护单位

对文物保护单位概念的界定，是我们研究文保单位及其价值的起点，作为本文的研究对象，必须认清什么是文保单位，其范围是什么，内容是什么。而这些工作的基础是对文物的界定与了解。国内外法律法规及学者在定义文物时都包含了两方面的内容，即价值和类别。如《保护世界文化和自然遗产公约》对文物的定义，价值方面的描述是普遍价值，包含三大价值，类别描述是建筑、石碑、窟洞等；在《关于被盗或非法出口文物公约》中文物价值描述是基于某些原因对各学科有重要意义，类别描述包括了生物标本、钱币、档案、手稿等；《中国文物古迹保护准则》中对文物古迹的价值描述是历史价值，类别描述是文保单位各大类别及历史文化名村名镇等；《中华人民共和国文物保护法》中，文物价值描述是三大价值，类别描述是古文化遗址、古墓葬、古建筑、石窟寺和石刻、壁画、近代现代重要史迹、实物、代表性建筑、手稿和图书资料、代表性实物等。许多专家学者对文物都做了定义，其中有代表性的论述有：谢辰生描述文物是人类在历史长河中创造并保存的物质文明和精神文明；[1]李晓东描述文物价值是社会发展的体现、历史的见证，类别描述是物质文化遗存；[2]郑子良关注到了文物的历史性、价值性、不可再生性，提出了在法律语境下文物的表述：在人类历史进程中创造的或与人类活动有关的，具有历史、艺术、科学价值的不可再生的文化遗物和遗存。[3]该表述涵盖了文物不同属性，特别是将"不可再生性"放到概念中去，让人们对文物的重要性认识更加深刻，而在对文物的利用中也能起到警示作用，同时提醒研究者在对文物进行评价时保护情况如何应该作为指标之一。本文理解文物时除了应用《文物保护法》中的概念外同时考虑了其不可再生性。

文保单位制度是我国从苏联引进的并于1956年首次在全国开始实施。尽管这次是以国务院名义发出的通知来实施该制度，并公布了全国第一批文保单位，但是这些文物主要还是通过地方政府部门提出、报文化部审核并报国务院批准，没有具体的标准及评价体系，甚至连文物保护单位的概念都没有，这就造成了很多由于政府官员缺乏经验而遗漏具有重大价值文物的情况，同时造成了许多地方政府在公布保护名单时都没有使用"文物保护单位"这一名称。当时尽管说已经开始实施该制度，但是各方面仍极其不规范。经过五年的修订，到1961年国家在公布第一批全国重点文物单位之际，颁布了包含分级管理体制的《文物保护管理暂行条例》。两年后国家又结合文物被人为和自然破坏严重的现象，出台了《文物保护单位保护管理暂行办法》。这些条例办法为文保单位的保护提供了法律支持，也使得文保单位这一制度正式建立。此后文物保护法及实施条例等国家大法及配套措施的制定与实施更加完善了文保单位制度。[4]然而，从这些与文物保护单位相关的规章制度法律条例中竟然找不到文物保护单位的相关概念，这对于大众清晰认识文保单位是个很大的缺陷，同时会让学者在做研究

[1]彭卿云.谢辰生文博文集.文物出版社,2010,414.
[2]李晚东.文物保护理论与方法.故宫出版社,2012,25.
[3]郑子良.法律语境中"文物"概念之辨析.中国文物科学研究,2014,1,30-34.
[4]王运良.中国"文物保护单位"制度研究.复旦大学,2009.

时产生困惑。在相关的文献资料中，李晓东先生、吴诗池教授分别在其著作中对文物保护单位有过定义，[1][2]但是对文保单位理解较为全面的是复旦大学王运良博士（现在是河南大学副教授）的研究。其在 2006 年从性质、范围、种类及级别对文保单位进行了界定，明确了概念；[3]又在 2007 年从文保单位的构成、功能、性质、状态及发展趋势等辨析了其与行政、企事业单位等的不同，且再次强调了对文物保护单位概念界定的必要性。[4]在对文保单位进行理解时，首先得弄清其中"单位"的含义，要将其与行政上的单位分开，在这里单位是"整体"的意思，包括了文物周边的环境。

本文结合文物保护法中对文保单位的描述及之前学者们认定的概念，对文物保护单位做以下理解，且在未来对文保单位定义时也应该包含这几方面：一、属于不可移动文物；二、所要保护的是包含了一定范围内的文物本身、附属文物及人文自然环境等构成的整体；三、被国家或地方政府确定有重大价值的对象且有树立保护标志；四、类别有古文化遗址、古墓葬、古建筑、石窟寺和石刻、近现代重要史迹及代表性建筑等；五、可分为国家级、省级、市县级，且有详细的档案，并根据具体情况由专门机构进行管理。

（二）旅游利用价值

1.游憩价值

要对旅游利用价值有正确的理解和明确的定义，首先就得将与其相近的几个词辨别清晰，包括游憩价值和旅游价值。20 世纪 60 年代 John Krutilla 就曾研究过评估游憩价值的重要性与必要性，并以其构建的评价体系对美国黑尔斯峡

---

[1]李晓东. 文物保护管理概要. 北京, 文物出版社, 1987. 12, 21.

[2]吴诗池. 文物学概论. 上海文艺出版社, 2002.5, 83-84.

[3]王运良. 文物保护单位概念及其应用初探. 中国文物科学研究, 2006, 4, 34-35.

[4]王运良. 文物保护单位再认识. 中国文物科学研究, 2008, 1, 62-64.

谷、白云峰等进行了评价；[1]此后学者们对森林、森林公园、风景区、文化旅游地等的游憩价值均进行过相关评价。然而，经过了将近 60 年的研究并没有对游憩价值甚至游憩形成公认的定义。在被引用较多的国内外学者的研究成果中游憩价值所对应的英文单词或词组就达七种，包括 **tourist value**（戴广翠[2]，1998；阮君[3]，2005）、**recreation**（Clawson M[4]，1996；刘敏[5]，2008）、**recreation benefit**（ListonH C，1995；Riccardo Scarpa[6]，2000；Riccardo S[7]，2006；吴楚材[8]，1992；王连茂[9]，1993；艾运盛[10]，1996；曹辉[11]，2001；吴文涛[12]，2005）、**recreational benefit**（Ahmed M[13]，2007；李巍[14]，2003）、**recreation value**（谢贤政[15]，2006；王喜刚[16]，2013；张春慧[17]，2014；高进山[18]，2014；李秀梅[19]，2015；李俊梅[20]，

[1] John V Krutilla, Anthony C.Fisher. The Economics of Natural Environments, Studies in the Valuation of Commodity and Amenity Resources.（汤川龙译，自然资源经济学：商品型和舒适型资源价值研究. 中国展望出版社.）

[2]戴广翠,高岚,艾运盛.对森林游憩价值经济评估的研究.林业经济,1998,2,65-74.

[3]阮君. 森林游憩价值评价之 CVM、TCM 比较研究.山东林业科技,2005,4,16-17.

[4] Clawson M,Knetsch L J. The Economics of Outdoor Recreation.Baltimore M d Johnps Hopkins Press,1996.

[5]刘敏,陈田,刘爱利. 旅游地游憩价值评估研究进展.人文地理,2008,1,13-19.

[6] Riccardo Scarpa,Susan M Chilton.Valuing the recreation benefitsfrom the creation of nature reserves in Irish forest s.EcologicalEconomics,2000,33,237-250.

[7] Riccardo S,Susan M C. Valuing the recreation benefits fromthe creation of nature reserves in Irish forests .EcologicalEconomics,2006,2,237-250.

[8]吴楚材,邓金阳,李世东.张家界国家森林公园游憩效益经济评价的研究.林业科学,1992,5,423-430.

[9]王连茂,尚新伟. 香山公园森林游憩效益的经济评价.林业经济,1993,3,66-71.

[10]艾运盛,高岚,邱俊齐. 武夷山国家风景名胜区游憩效益的评价.北京林业大学学报,1996,3,89-97.

[11]曹辉,兰思仁. 福州国家森林公园森林景观游憩效益评价.林业经济问题,2001,5,296-298.

[12]吴文涛. 游憩效益货币化评价研究.合肥工业大学学报(自然科学版),2005,8,944-946.

[13] Ahmed M,Umali G M,Chong C K,etal. Valuing recreational andconservation benefits of coral reefs--The case of Bolinao .Philippines Ocean & Coastal Management,2007,1-2,103-118.

[14]李巍,李文军. 用改进的旅行费用法评估九寨沟的游憩价值.北京大学学报(自然科学版,2003,4,548-555.

[15]谢贤政,马中. 应用旅行费用法评估黄山风景区游憩价值.资源科学,2006,3,128-136.

[16]王喜刚,王尔大. 基于修正旅行成本法的景区游憩价值评估模型——大连老虎滩海洋公园的实证分析.资源科学,2013,8,1693-1700.

[17]张春慧,王乃昂,陈美招. 贵清山地质公园游憩价值评估.干旱区资源与环境,2014,2,203-208.

[18]高进云,杨微,乔荣锋. 天津市郊区休闲农庄农地游憩价值评估——以西青区杨柳青庄园和水高庄园为例.资源科学,2014,9,1898-1906.

[19]李秀梅,赵强,邱兴晨,郭健. 应用 TCM 和 CVM 评估免门票旅游资源的游憩价值——以济南市泉城公园为例.生态科学,2015,1,168-171.

[20]李俊梅,李兴业,费宇,和树庄,王璟. 昆明西山森林公园游憩价值评估.云南大学学报(自然科学版),2015, 4,585-591.

2015）、**recreational value**（Christopher M. Flemig[1]，2008；Amir Hosein Firoozan[2]，2012；Mikołaj Czajkowski[3]，2015；张红霞[4]，2006；刘亚萍[5][6]，2006，2012；张茵[7]，2010；董雪旺，2011；白榆军[8]，2012；任希[9]，2014；钱益春[10]，2015）、**recreation valuation**（赵玲[11]，2013），甚至还有其他。这也就不难理解对游憩价值定义众说纷纭了。

有的学者认为游憩价值是旅游者精神上的收益；有的认为是一种不可度量的生理和心理的损益；还有的认为是游客获得观光游览、休闲度假、保健疗养、文化娱乐等服务的价值；有的则认为是满足游客各种需求而产生的总效用；还有的从经济学角度定义，即获得各种服务的实际花费总和或者意愿花费[12][13]。而应用最广泛的定义是发展旅游过程中产生的经济、生态、社会等效益的集合[14]，由ListonH C 等人提出，他们认为评估游憩价值就是对综合效益的经济或货币衡量。尽管有如此多定义，但是我们可以看出其核心就是游客的收益，因此对游憩价值的评价从开始到目前为止都是从游客角度出发，不管是旅游费用法、意愿调查法还是价值转移法，抑或对这些方法的改进，均是如此。此外，国外对游憩价值的

[1] Christopher M. Flemig, Averil Cook. The recreational value of LakeMcKenzie, Fraser Island, An application of the travel cost method.Tourism Management, 2008,6,1197-1205.
[2] Amir Hosein Firoozan. Estimated recreational value of Lahijanforest using by contingent valuation method.ARPN Journal ofAgricultural and Biological Science,2012,9,659-663.
[3] Mikołaj Czajkowski, et al. Valuing the commons, An international study on the recreationalbenefits of the Baltic Sea.Journal of Environmental Management,2015,6,209-217.
[4]张红霞,苏勤,王群. 国外有关旅游资源游憩价值评估的研究综述.旅游学刊,2006,1,31-35.
[5]刘亚萍,潘晓芳,钟秋平,金建湘. 生态旅游区自然环境的游憩价值——运用条件价值评价法和旅行费用法对武陵源风景区进行实证分析.生态学报,2006,11,3765-3774.
[6]刘亚萍,廖蓓,金建湘. 广西巴马盘阳河沿岸长寿资源的游憩价值评价——基于修正的区域旅行费用法.资源科学,2012,5,964-972.
[7]张茵,蔡运龙. 用条件估值法评估九寨沟的游憩价值——CVM 方法的校正与比较.经济地理,2010,7,1205-1211.
[8]白榆军. 武汉黄鹤楼公园游憩价值研究.湖北大学,2012.
[9]任希. 旅游资源游憩价值评估研究综述.中南林业科技大学学报(社会科学版),2014,1,39-43.
[10]钱益春,杨永昶. 赛罕乌拉自然保护区游憩价值评价研究.中南林业科技大学学报(社会科学版),2015,2,32-34.
[11]赵玲. 基于价值转移法的自然资源游憩价值评价研究.大连理工大学,2013.
[12]陈应发. 旅行费用法——国外最流行的森林游憩价值评估方法.生态经济,1996,4,35-38.
[13]许抄军. 历史文化古城游憩利用及非利用价值评估方法与案例研究.湖南大学,2004,6.
[14] ListonH C, HyesA.Recreationalbenefitsfrom thedartmoor nationalpark[J] .JournalofEnvironmentalManagement,1995,55,69-80.

应用还只局限在生态旅游资源，对人文资源甚至文化遗产地研究甚少。国内学者虽然在理论方面缺乏创新性，借鉴国外理论在国内应用是否存在局限性有待考究，但是有许多学者将游憩价值应用到文化遗产地，拓宽了视野，是一个很好的尝试。

从学者们对游憩价值的描述可以看出 recreational value 或 recreation value 应用最多且在近些年最为普遍，且国外学者更倾向于使用前者。因为 recreation 有娱乐、休憩的意思，用其形容词 recreational 来描述价值，体现价值的核心，value 就是价值的意思，因此用 recreational value 更为合适。而对其定义理解包括：一、游憩价值的主体是旅游者；二、游憩价值的客体是旅游资源；三、游憩价值的产生是由于客体满足了或能够满足主体在身心方面的需求，包括当下需求和长远需求。

2.旅游价值

学者们对于旅游价值的概念同样没有达成共识，在被引用较多的国内外学者的研究成果中对旅游价值所对应的英文词组有四个，**travel value**（陈浮[1]，2001；黄平芳[2]，2005；）、**tourist value**（亢新刚[3]，2001；刘水[4]，2003；王麓怡[5]，2006；骆高远[6]，2010）、**recreational value**（郑芳[7]，2009）、**tourism value**（Paula A. Ely[8]，2013；James Catlin[9][10]，

---

[1]陈浮,张捷. 旅游价值货币化核算研究——九寨沟案例分析.南京大学学报（自然科学版）,2001,3,296-303.

[2]黄平芳,胡明文. 赣文化资源的旅游价值及其开发利用的几点思考.江西农业大学学报（社会科学版）,2005, 3,131-133.

[3]亢新刚,陈光清,刘建国. 芦芽山自然保护区森林旅游价值评估.北京林业大学学报,2001,3,60-63.

[4]刘水. 泰山石刻的旅游价值.泰山学院学报,2003,5,6-12.

[5]王麓怡,邹时荣. 武汉文化遗产资源的旅游价值研究.江汉大学学报,2006,4,38-43.

[6]骆高远."福建土楼"的旅游价值及其保护.经济地理 2010,5,849-852.

[7]郑芳,侯迎,王乃昂,张春慧,黄银洲. 多目的地 ZTCM 在旅游价值评估中的应用——以嘉峪关市为例.人文地理,2009,1,123-128.

[8] Paula A. Ely. Selling Mexico, Marketing and tourism values.Tourism Management Perspectives,2013,8,80-89.

[9] James Catlin,etal. Valuing individual animals through tourism, Science or speculation?.Biological Conservation,2013,1,91-98.

[10] James Catlin. Keeping perspective on using tourism values for conservation - Reply to Vianna, Biological Conservation,2013,10,303.

2013；薛达元[1]，1999；郭剑英，2004；梁学成[2]，2006；吕君[3]，2006；许丽忠[4]，2007；佟玉权，2010；韩福文[5]，2010；苏卉[6]，2010；杜忠潮[7]，2011）。其中郑芳在《人文地理》的论文中将旅游价值与游憩价值混为一谈，在此不作考虑。在国外学者的研究中，只有对 tourism value 的成果且在最近才刚刚出现。

在国内外学者对旅游价值的概念认识中，有的学者认为旅游价值是遗产价值的科学展示和享用功能；有的则认为其与游憩价值没有区别，甚至在研究中与游憩价值交叉使用，基于此，在评估旅游价值时就是用了旅行费用法或者意愿调查法；顿志强则把游憩价值当作直接使用价值中的一部分，包含在旅游价值当中，与品牌价值并列[8]；有的学者认为旅游价值是旅游资源的代表性、典型性、原真性、独特性、完整性、吸引力、舒适性、规模度、文化性、实用和审美、历史、科学、教育、经济价值等的体现，即旅游资源的价值[9][10][11][12][13]；有的学者对旅游价值评价时除了包含资源价值外，将开发条件及潜力、区位环境等也加入到了旅游价值的体系中[14]。而对旅游价值认识比较广泛的还是从效用论、功能论角度

[1]薛达元, 包浩生, 李文华. 长白山自然保护区生物多样性旅游价值评估研究. 自然资源学报, 1999, 2, 45-50.

[2]梁学成. 对世界遗产的旅游价值分析与开发模式研究. 旅游学刊, 2006, 6, 16-22.

[3]吕君, 汪宇明, 刘丽梅. 草原生态系统旅游价值的评估——以内蒙古自治区四子王旗为例. 旅游学刊, 2006, 8, 69-74.

[4]许丽忠, 张江山, 王菲凤, 李国业. 熵权多目的地 TCM 模型及其在游憩资源旅游价值评估中的应用——以武夷山景区为例自然资源学报 2007, 1, 28-36.

[5]韩福文, 佟玉权, 张丽. 东北地区工业遗产旅游价值评价——以大连市近现代工业遗产为例. 城市发展研究, 2010, 05, 114-119.

[6]苏卉. 非物质文化遗产旅游价值的多层次灰色评价. 北京第二外国语学院学报, 2010, 9, 72-77.

[7]杜忠潮, 柳银花. 基于信息熵的线性遗产廊道旅游价值综合性评价——以西北地区丝绸之路为例. 干旱区地理, 2011, 3, 519-524.

[8]顿志强. 文化遗产地景区旅游价值货币化评估研究——以屈原故里景区为例. 河南科技, 2011, 8, 18-19.

[9]马晓京. 中国清真饮食文化的旅游价值及开发. 中南民族学院学报(哲学社会科学版), 1999, 03, 59-62.

[10]肖刚, 肖海, 石惠春. 非物质文化遗产的旅游价值与开发. 江西财经大学学报, 2008, 2, 107-111.

[11]章采烈. 论历史名人级差及其效应——中国名人名胜资源的旅游价值. 旅游学刊, 1994, 04, 44-47.

[12]朱学稳. 中国的喀斯特天坑及其科学与旅游价值. 科技导报, 2001, 10, 60-65+2.

[13]周学军. 中国丹霞地貌的南北差异及其旅游价值. 山地学报, 2003, 2, 180-186.

[14]王慧, 安铮, 谢倩. 我国农村工业遗产旅游价值的多层次灰色综合评价. 新疆大学学报(哲学人

界定，[1]即旅游主体从客体获得的效益，旅游价值的主体包括旅游者、居民、政府等利益相关者，而在旅游价值的客体认识上学者们又存在差异。有的认为是发展旅游的对象，即景观及产品等吸引物[2]，有的学者则认为是旅游者行为的价值[4]，王寿鹏为了证明旅游者行为对旅游主体的影响还提出了"旅游价值净值"概念来体现旅游的正负价值[5]。对旅游价值有如此多的认识表明对其学术研究仍然不成熟，造成的后果就是会在实践应用中产生误解。

同时，许多学者经常将旅游发展价值[6]、旅游资源经济价值[7]等与旅游价值混乱使用，给其他学者造成很大困惑。因此，对旅游价值概念清晰界定能为旅游研究提供扎实的铺垫。本文认为旅游价值的定义应包括：一、旅游价值不是游憩价值，两者在范围、主客体等都存在差异；二、"旅游"的范围比"游憩"的范围小得多，而当这两个词都与价值结合后，就得考虑价值的主客体，旅游价值的主体包括旅游者、居民、政府等，客体是旅游资源，因此我们可以认为游憩价值属于旅游价值范畴；三、旅游价值是发展旅游过程中对旅游者、居民、政府、社会等产生的效用，包括当下的和永久的，与其本体价值无关；四、旅游价值除了包含旅游利用价值外，还包括旅游非利用价值，旅游非利用价值是当下没有被利用的价值，包括选择、遗产和存在价值，这三个价值已得到众多学者的认同。

3.旅游利用价值

学者们专门针对旅游利用价值的研究还比较少，都是基于旅游价值、旅游

文社会科学版），2014，4，1-5.

[1]王玉梁. 论价值哲学研究的方法论问题. 哲学研究，2007，5，106-112.

[2]刘长凤. 哲学视角中的旅游价值. 理论前沿，2008，16，41-42.

[4]王鸿. 旅游的价值. 贵州民族学院学报，1997，1，90-93.

[5]王寿鹏. 基于旅游者的旅游价值模型及其应用. 旅游科学，2011，6，55-63.

[6]吕君，陈田，刘丽梅. 草原旅游发展价值评估的理论依据及方法. 北京第二外国语学院学报，2008，11，30-36+62.

[7] Clem Tisdell, Clevo Wilson. World Heritage Listing of Australian Natural Sites, Tourism Stimulus and Its Economic Value. Economic Analysis and Policy, 2002, 2, 27-49.

资源开发等有所提及。关于旅游利用价值的概念，张建忠在其博士论文中将旅游利用价值看成是资源的特色；徐晓音、李鹏举、南瑞江将旅游利用价值看成旅游开发价值。[1][2][3]很显然他们是将旅游利用价值与旅游价值混为一谈了。许抄军则认为旅游价值与游憩利用价值没有区别，且用了相同的公式进行估算[4]；王辉将旅游利用价值看成资源被开发成为景点的几率或可能性[5]；吕君、陈能汪[6]认为旅游价值是资源总经济价值中直接利用价值。根据对资源总经济价值划分原则，将旅游价值分为利用和非利用价值。Choong-Ki Lee[7]与吕君等具有相同的观点。值得一提的是吕君曾在 2006 年《旅游学刊》的论文中将旅游价值与旅游利用价值混乱使用的认识，而在 2008 年就有了不同的认识。在被引用较多的与旅游相关的学者研究中利用价值对应词组也没有统一：有 **utilization value**（徐晓音，1999；申秀英[8]，2006）、**use value**（Choong-Ki Lee，2002；陈能汪，2008）、**utility value**（许抄军，2006）等。

本文结合文献，对旅游利用价值作如下理解：一、旅游利用价值不等同于旅游价值，且范围小于后者；二、旅游利用价值是旅游发展中在当代或当下产生的效用；三、旅游利用价值可以从旅游资源角度进行评价，即当某旅游资源还未被开发时要了解其旅游利用价值，可用旅游资源本体价值以及影响开发的外在因素进行评价，当然也只局限于还未被开发情况之下；四、当旅游资源开发成为旅游景点后可用效益论即从利益相关者角度对其进行评价，而在发展旅

[1]徐晓音.湖北省大型湖泊水库旅游资源开发利用价值评价.经济地理,1999,4,104-110.

[2]李鹏举,陈一君,李红英,陈安东.川南地区旅游地质资源的类型与开发利用价值.资源开发与市场,2015,7,881-885+867.

[3]南瑞江.人工水域景观旅游利用价值评价体系的构建.山东工商学院学报,2013,6,64-68+78.

[4]许抄军,罗能生,刘沛林,王良健.历史文化古城游憩利用价值评估——以凤凰古城为例.经济地理,2006,3,329-333.

[5]王辉.刍议药膳及其旅游利用价值.江苏商论,2007,2,98-99.

[6]陈能汪,张潇尹,卢晓梅.基于 GIS 的生态系统服务直接利用价值评估方法.中国环境科学,2008,7,661-666.

[7] Choong-Ki Lee, Sang-Yoel Hanb. Estimating the use and preservationvalues of national parks' tourism resources using a contingentvaluation method. Tourism Management, 2002, 23, 531-540.

[8]申秀英,刘沛林,邓运员,王良健.中国南方传统聚落景观区划及其利用价值.地理研究,2006,3,485-494.

游中一般的利益相关者包括旅游者、当地居民、政府及文保单位本身。综上本文对旅游利用价值做以下定义：旅游利用价值是对旅游资源是否能被开发成为旅游景点的衡量尺度，是旅游景点对利益相关者产生效用的衡量标准。

（三）旅游价值及旅游利用价值评价方法

社会科学研究体系中一般包含定性研究与定量研究两种方法，要将问题研究透彻、结果具有说服力最好的方法就是定性与定量相结合，并辅以数量化方法，将"是什么"、"有多少"[1]、"为什么有这么多"有机结合起来，形成多元方法[2]，进而从不同维度来解释说明问题。旅游研究作为社会科学的重要分支，在方法体系上有相似之处。其中定性方法包括文献资料法、内容分析法、访谈法、观察法、案例分析法、开放式问卷调查法等[3]，定量方法有旅行费用法、条件价值法、问卷调查法、模糊聚类法、模糊数学法、AHP法、因子分析法等[4]。在旅游价值及旅游利用价值研究中使用定性研究中的文献资料法、访谈法以及定量研究中的问卷调查法、层次分析法、因子分析法和主成分分析法居多。本文运用文献资料法、访谈法、问卷调查法及因子分析法和灰色关联度分析法。

其中，文献资料法、访谈法、问卷调查法是社会研究的基础方法，在文章1.4.1中已经介绍过，在此不再作解释。而因子分析法和灰色关联度分析法是本文所依托的核心方法。其中因子分析法是非常重要的一种多元统计方法，除了能达到降维的目的外还能检验评价体系是否合理并给出相应的权重。具体步骤见图3.1。而在实际研究中，一般都要用定量分析软件对所获取数据进行检验，

---

[1]梁丽萍在其文章《量化研究与质化研究——社会科学研究方法的歧异与整合》中提到量化研究是回答"有多少"的问题，质化研究是回答"是什么"的问题。

[2]梁丽萍.量化研究与质化研究——社会科学研究方法的歧异与整合.山西高等学校社会科学学报, 2004, 1, 25-28.

[3]张宏梅,陆林.旅游研究定性方法的初步分析.江西师范大学学报(自然科学版), 2005, 3, 269-272.

[4]方幼君.旅游资源定量评价体系及方法研究.浙江大学, 2006.

以便了解是否适合做因子分析。本文针对旅游者问卷调查的数据就是用 SPSS 中的因子分析方法。

灰色关联度分析法对于样本量多少都适合，因此本文在专家数据较少的情况下选择了这个方法，该方法计算量小，十分方便，且可以结合 EXCEL 软件进行分析，具体步骤见图 3.2。

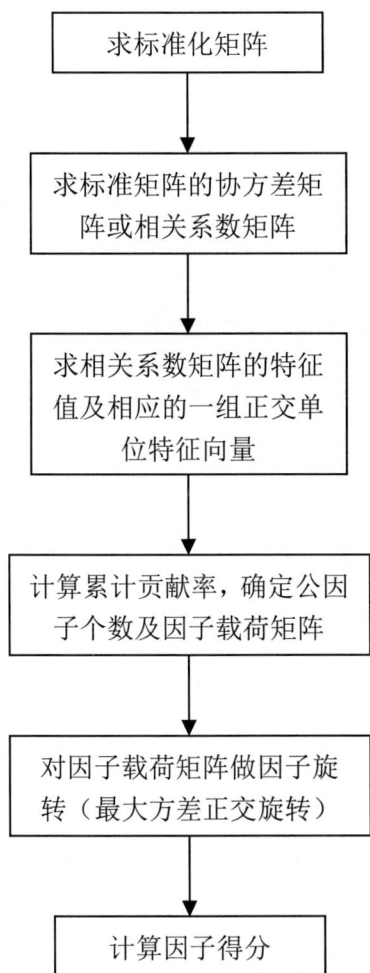

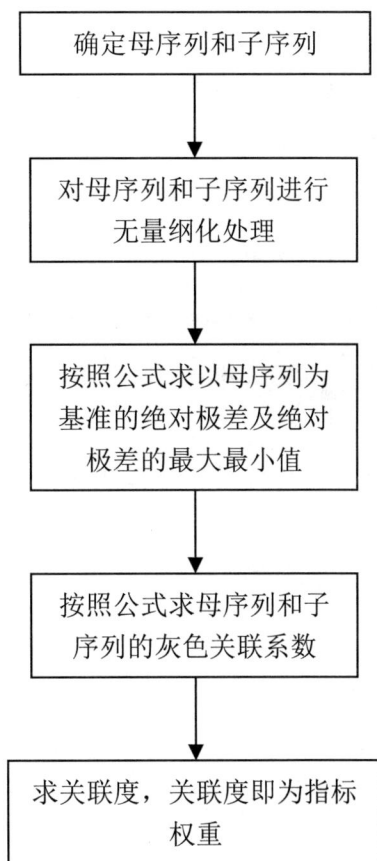

图 3.1 因子分析法　　　　图 3.2 灰色关联度分析法

四、文保单位旅游利用价值评价体系构建

结合第三部分对旅游利用价值定义及理解，本文在构建文保单位旅游利用价值评价体系时考虑到文保单位是否被开发为旅游景点的不同情况，遂从两方面着手。当文保单位尚未开发为旅游景区，如果要对其加以旅游开发利用，必须对该资源进行旅游开发的可行性分析，而之前的做法大多数都是定性分析，即单纯的语言论述价值大小，由于每个人的价值观及评价角度不同，使得其可信度不强，若从定量角度进行评价，构建统一的评价标准，其说服力会提高不少。针对这种情况，本文从文保单位本体价值角度构建了旅游利用价值评价体系。而当文保单位开发为旅游景区后，相对于从本体价值评价旅游利用价值，以效用论为理论基础，结合旅游利益相关者理论进行的评价更为客观。针对这种情况，本文从利益相关者角度构建文保单位旅游利用价值评价体系。

（一）评价指标选取原则

1.可行性原则

要想准确评价文保单位的旅游利用价值，选取的指标必须可行、可用，具有客观性。而可行的指标是那些能定量或定性评价的，具有可比性的，既不复杂同时也能反映属性；此外，可行指标的属性还必须能获得，且属性资料来源可靠，如果选取的指标无法测量或者属于胡编乱造，得出的结论必然不符合事实，构建的评价体系也就没有意义。

2.整体全面性原则

文保单位是个特殊的群体，包含类别众多，既有三大价值均比较高的建筑，

同时也有历史价值很高但几乎没有艺术价值的遗址，在选取评价指标时要全面考虑不同类别的特性，不能忽视某种类别，例如从本体角度选取的材料结构属性，建筑类具有该属性而遗址类没有，但是其体现了文物的科学价值，必须放入评价体系，这是其一；其二、由于文保单位在社会经济各个层面具有不同的功能，涉及许多因素，因此选取的指标应能从各个侧面整体地衡量文保单位的旅游利用价值。

3.系统性原则

衡量文保单位旅游利用价值的角度很多，从前文中已有所了解。本文将文保单位分成两类来评价，选取了两个角度：本体价值角度和利益相关者角度。在选取指标时要分别从这两个角度出发，不能混淆，更不能涉及其他角度评价时的指标，可以用指标同类性来形容系统性的第一层次；系统性的第二层次是指文保单位在规模上是存在差异的，有单体建筑、大院、也有大面积的遗址等，不同规模的文保单位旅游利用价值所体现的因素不同，例如整体布局属性是大院类所重视的，而单体建筑不具有，但是其体现了科学价值，因此也得加入评价体系。可以用等级系统性来描述该层次。

4.独立性原则

选取指标时除了要遵守以上原则外，还有一个重要的原则，那就是独立性原则。不难理解，独立性原则就是要求选取的指标相互独立，所代表的属性不要有重叠，这才能体现每个指标的重要性及不可或缺性。

（二）本体价值角度评价指标体系构建

1.指标初选

文保单位是否要开发为旅游景点，首先得看其是否为旅游资源，而成为旅游资源的首要条件就是能吸引旅游者，即具有旅游利用价值。文保单位被开发为旅游景点之前都要做旅游开发可行性研究报告，对其资源价值进行评估，评价其是否具有较大的旅游利用价值，也就是学者们提到的旅游开发价值。因此，当文保单位尚未被开发旅游景点时评估其旅游利用价值就相当于评价其本体开发价值。

由于对文保单位本体开发价值的研究并不成熟，因此本文借鉴国内外学者构建的资源、文物及遗产旅游价值评价体系，将有可能影响文保单位本体开发价值的指标因素搜集整理，重新构建了本体角度的文保单位旅游利用价值评价体系，见表4.1。

表4.1 初步构建的本体角度文保单位旅游利用价值评价体系

目标层	准则层	因子层	属性层
文物保护单位旅游利用价值评价体系	本体价值	历史价值	年代
			人物
			事件
			历史功能
		艺术价值	观赏性
			美感度
			奇特性
			代表性
		科学价值	材料
			技术结构
			布局
			教育意义
		知名度与保存状况	知名度与影响力
			保存状况
	外在因素	基础设施	交通
			住宿设施
			餐饮设施
			购物场所
		区位与环境	离客源地距离

			周边环境
			聚集组合状况

2.指标修正

经过与多位旅游和文物专家探讨，即采用类似德尔菲法，将以上无法评价和有重复含义的指标逐一衡量并删除，将可以合并的指标进行整合，形成了以下的评价体系。具体做的修改有：

一是历史价值中历史功能指标无法对比评价，删除这一指标；

二是由于观赏性与美感度都是从欣赏美的角度出发，但是观赏性表达的含义更为准确，因此删除美感度；

三是艺术价值是从审美角度，其中奇特性和代表性所表达的内容有重叠，因此可以取其中一个；

四是科学价值中的材料和布局同样存在无法比较的问题，用代表性表示文物在材料、布局等方面的差异比较合适；这样一来艺术价值中就可以选择奇特性来表述其不寻常及罕见程度；

五是保存状况的范围比较广，在评价时无法掌握具体标准，因此可将其从两个角度去衡量，即分成了原真性和完整性；同时文保单位的规模也会对旅游利用产生影响，即在相当条件下规模大的文保单位发展成为旅游景区的可能性比规模小的大，因此加上规模度；

六是住宿、餐饮设施和购物场所均为发展旅游必不可少的基础和服务设施，然而进一步思考会发现，住宿设施、餐饮设施和购物设施都是城市的基本元素，结合文物发展旅游的情况来看离城市近的文物发展成为旅游景点的概率比距离城市远的文物发展旅游的概率大得多，因此可用距离城市的远近，与城市的依存关系来衡量这三个指标所要表达的含义。同时这个指标也就包含了离客源地的距离所要表达的含义。如此一来，距离城市的远近可以归属到区位中去，就可以将因子层的基础设施和区位与环境合二为一。此外适宜旅游利用时间也会影响该价值的发挥，如处于偏远山区的文保单位在冬季下雪时既寒冷又不安全，不适宜旅游，因此也应该加入到指标体系中。

表 4.2 修正后的本体角度文保单位旅游利用价值评价体系

目标层	准则层	因子层	属性层
文物保护单位旅游利用价值评价体系	本体价值	历史价值	年代
			人物
			事件
		艺术价值	观赏性
			奇特性
		科学价值	技术结构
			代表性
			教育意义
		知名度与保存状况	知名度与影响力
			原真性
			完整性
			规模度
	外在因素	区位与环境	交通
			地理位置（是否在城市）
			周边环境
			适宜旅游利用时间
			聚集组合状况

3.指标说明

本体价值是指文物本身具有的价值，由于文物是历史遗留下来的，承载着先辈们在生活生产、社会活动中的遗迹，体现了其在当时的社会功能，因此三大价值是其必不可缺的。本文考虑到是评估文物的旅游利用价值，也就是评估是否适合开发旅游，因此在本体角度除了要考量三大价值外还需要了解其保存状况和知名度情况。

历史价值是从时代来说的，文物所处的时代及其在当时的社会功能、社会地位诠释了该文物的内涵。距今时间越长，承载的社会"责任"越大，其显现出的历史价值越大，反之就越小。在衡量文物的历史价值时本文选择了年代、人物及事件等三个属性。

艺术价值是从其外观、形态、结构等角度来描述的，能体现文物的美，并能给人艺术的熏陶。文物的艺术价值蕴含于文物本身，体现了人们的物质生活和精神生活，且其本身并不是主要以艺术性而存在的，而是表现为实用性。此外文物的艺术价值还体现在其特别之处，用奇特性表示。因此，本文用观赏性、奇特性两个属性来衡量文物的艺术价值。

科学价值主要从科研、知识及技术等方面来衡量。文物的科学价值体现了其所在时期的生产力、科技水平和社会进程，对于现代社会，其能提供对于人类研究重要的知识和信息，同时还具有一定的教育意义。结合学者们研究及文物的特性，评价其科学价值可从技术结构、代表性、教育意义等三个维度展开。

知名度与保存状况是文物三大核心价值之外发展旅游必须考虑的与其本身密切相关的因素。知名度体现了文物被人所知、被人熟知的程度。当各方面条件相似的情况下，知名度较高的文物的旅游利用价值必定高。保存状况是指文物在完整性、原真性和规模度方面的现状。经过历史的洗礼，文物所剩无几，经过人工修缮复原，其旅游利用价值定会受影响，而那些保存完整的原装文物，旅游利用价值相对就很高。本文用知名度与影响力、原真性、完整性、规模度等四个属性描述该方面价值。

有的文保单位本体价值很高，然而其并没有被开发为旅游景区，闲置无用，长时间过去经受不住风雨的洗礼而破坏，没有发挥其价值，很重要的原因就在于其外在发展旅游的要素不具备，如交通不通畅、环境污染严重等。本文将影响文保单位旅游利用价值的外在因素归结到区位与环境。区位即文保单位的所在地，该因素影响旅游利用价值可以通过以下属性体现：交通、地理位置（是否在城市）等。而环境是指文保单位所处的环境状况，有周边环境、适宜旅游利用时间、聚集组合状况等。现实中，区位和环境是相辅相成的，比如聚集组合状况既可以说是环境因素也可以说是区位因素，因此在因子层中将两者合并使用。

对于属性层指标说明见下表4.3。

表4.3 本体角度文保单位旅游利用价值评价体系属性层指标说明

属性层	指标说明
年代	文保单位兴建或发生重大事件的时间，历史的久远程度
人物	与文保单位相关的主要历史人物的影响力
事件	与文保单位相关的重大事件
观赏性	文保单位在造型方面传达美感的程度
奇特性	文保单位的风格具有特色，别具一格
代表性	文保单位在所处类别中代表某种技艺
技术结构	文保单位建设或实施应用的技术在所处时代的先进程度
教育意义	文保单位能为人们爱国、热爱传统文化、爱护文物以及专业知识方面提供教育机会的程度
知名度与影响力	文保单位在社会上被知晓、了解的程度
规模度	对文保单位面积、规模、高度、体量大小、单体数量等的评价
原真性	文保单位在地点、式样、造型、风格、材料、工艺、用途等方面衡量其现状与初始状态的相似度
完整性	从文保单位整体角度看其现状与初始或定型状态保存的完整程度
交通	进入文保单位所在地交通的便利程度
地理位置（是否在城市）	文保单位与城市的依存程度（由于城市基础设施先进，属于客源市场，利于文物发展旅游）
周边环境	文保单位所处的生态环境和人文环境的良好程度
适宜旅游利用时间	文保单位一年内适合旅游的时间长短
聚集组合状况	文保单位与其他资源集合打包的程度

（三）利益相关者角度评价指标体系构建

1.指标初选

当文保单位开发为旅游景区之后，从利益相关者的角度评价文保单位的旅游利用价值比从本体价值角度更为客观，更能体现旅游发展的成效。

20世纪80年代末，随着旅游的兴起，人们逐渐关注到旅游利益相关者，且相关研究成果不断涌现。经过30多年的发展，该理论已基本趋于成熟，最明显的标志就是世界旅游组织用"tourism stakeholder"在《全球旅游伦理规范》文件定义旅游利益相关者。通过查阅相关文献，整理出国内外学者对于其研究的概况。（见表4.4）

表4.4 国内外学者对旅游利益相关者的研究

		国外[1]	国内[2]
数量（篇）	篇名	29	326
	摘要	372	1286
	关键词	39	13
研究主要内容		旅游利益相关者定义、内容、其对旅游规划与开发的态度、各种旅游环境下的利益相关者包括扶贫旅游、可持续旅游等	旅游利益相关者的利益诉求、其在旅游规划与发展中的态度和诉求、各种环境下的利益相关者类型及定位
利益相关者内容		股东、管理人员、雇员、银行、政府部门、行业协会、教育机构、媒体、政治团体、宗教团体、工会、竞争对手、供应商、分销商、旅游者、非人物种、人类后代、环保组织、社区、公众（按照不同标准各属不同类别）	地方政府、社区居民、旅游企业、保护地、旅游者、非政府组织、学术界及相关机构、媒体

---

[1] 国外资料是在国际知名文献检索数据库 Elsevier SD 数据库中，以"tourism stakeholder"为检索词，于2015年11月3日17:00-18:00检索获得。

[2]国内资料是在中国知网（cnki.net）中，以"旅游利益相关者"为检索词，于2015年11月3日18:00-19:00检索获得。

根据国内外学者关于利益相关者及相关理论的研究，并结合其在文物旅游中的应用，本文指出了文物保护单位发展旅游过程中涉及的主要利益相关者，包括人类的与非人类的，人类的利益相关者包括旅游者、当地居民以及政府等；而非人类的利益相关者主要是文保单位。从该角度初步选取指标后构建了文保单位旅游利用价值评价体系。（见表4.5）

表 4.5 初步构建的利益相关者角度文保单位旅游利用价值评价体系

目标层	准则层	因子层	属性层
文物保护单位旅游利用价值评价体系	旅游者	教育价值	历史、建筑、艺术、风俗等的了解
			情感及意识
		闲适	休闲放松
		质量感知价值	文物原真性和完整性
			整体布局
			建筑、园林等的工艺
			文物艺术美
			环境优美度、适宜性
		服务感知价值	解说或展示的新颖性、科学性及准确性
			服务人员热情度
			相关文化展示活动
			游客密度
			讲解质量
			游览时间
			导游费用合理
		设施感知价值	购物体验
			饮食体验
			住宿体验
			交通体验
			门票价格

		收入	餐馆、商店（包括流动商贩）、旅行社、交通等
			景区就业
	居民	生活品质	生活环境改善
			基础设施优化
		教育性	地方荣誉感、归属感提升
			本地历史的了解
			其他文化的了解
	政府	地方形象	地方知名度
			地方美誉度
		收益	税收
	文保单位	直接收益	门票收入与导游费收入
		积极影响	安全保护机构及制度增多
			投入更多人力、物力、财力
		消极影响	游客带来的安全隐患
			布局无章可循
			风格古今结合、中西结合
			形制南辕北辙
			质量粗制滥造混搭

2.指标修正

征求完专家意见后对以下指标进行调整，具体有：

一是将教育价值修改为教育涵化价值，因为教育价值只能体现出教育这个过程，而旅游者游览完文保单位后除了接收到教育外还应该有所启发、有所感染、有所改变，因此加上涵化更加贴切；

二是去掉了因子层中的闲适（属性层的休闲放松也删除），因为闲适受到后面三个感知价值的影响；

三是将文保单位的直接收益包括门票收入和导游费收入合并到积极影响中；

四是在对文保单位的消极影响中，布局无章可循、风格古今结合、中西结合、形制南辕北辙、质量粗制滥造混搭等这些均是旅游开发建设方面的问题，并非旅游者游览景区后对文保单位造成的直接影响，因此可以删除。考虑到旅游者游览景区可能给文保单位本身造成破坏，或者带来其他安全隐患，如火灾、失盗等，因此可以将消极影响用两个属性指标表示：对文物本身的破坏和其他安全隐患。

针对此评价体系，需要说明几点：

由于旅游者是旅游活动形成的基础，因此政府、居民及文保单位本身的利益都是通过旅游者利益经过各种经济活动、经济关系形成的，用旅游者的利益就可以衡量景区旅游利用价值，当然也可以用居民、政府和文保单位本身的利益衡量旅游利用价值。即以上体系可以分成两个单独完整的评价旅游利用价值的体系。

如果将该体系分成两个独立完整的评价体系即从旅游者角度和政府、居民、文保单位角度展开评价，两个体系之间是存有一定联系的，所以其评价指标就有必然的联系。例如从旅游者角度出发的导游费用与其他利益相关者角度的导游收入指的是同一内容；当地商业的收入与旅游者的消费体验也是有直接关系的等。

旅游发展对于文保单位的消极影响在本评价体系有反作用力，即其余指标性质的改变不同程度都能提升旅游利用价值，而消极影响的指标只能降低旅游利用价值，最多保持不变，而这种情况在现实生活中几乎不可能出现，因为旅游的发展或多或少会造成环境因子的改变，从而间接造成文保单位安全隐患，因此人们能做的就是尽最大努力减小这种影响。

表 4.6 修正后的利益相关者角度文保单位旅游利用价值评价体系

目标层	准则层	因子层	属性层
文物保护单位旅游利用价值评价体系	旅游者	教育涵化价值	历史、建筑、艺术、风俗等的了解
			情感及意识
		质量感知价值	文物原真性和完整性
			整体布局
			建筑、园林等的工艺
			文物艺术美
			环境优美度、适宜性
		服务感知价值	解说或展示的新颖性、科学性及准确性
			服务人员热情度
			相关文化展示活动
			游客密度
			讲解质量
			游览时间
			导游费用合理
		设施感知价值	购物体验
			饮食体验
			住宿体验
			交通体验
			门票价格合理
	居民	收入	餐馆、商店（包括流动商贩）、旅行社、交通等
			景区就业
		生活品质	生活环境改善
			基础设施优化
		教育性	地方荣誉感、归属感提升
			本地历史的了解

		其他文化的了解
政府	地方形象	地方知名度
		地方美誉度
	收益	税收
文保单位	积极影响	门票收入与导游费收入
		安全保护机构及制度增多
		投入更多人力、物力、财力
	消极影响	对文物本身的破坏
		其他安全隐患

3.指标说明

（1）从旅游者角度，文保单位通过发展旅游可以为其提供许多效用，本文将这些效用归为四大类：教育涵化价值、质量感知价值、服务感知价值和设施感知价值。涵化是心理学家贝理提出的人类接触社会而产生的文化、心理的变化，应用到旅游中就是旅游者到文保单位旅游地感受到当地的文化氛围，接受教育，从而增长了知识，对事物的认识更加全面的过程。用教育涵化价值来概括旅游者受到教育在文化和心理层面的变化，其包含增加知识和情感及意识两个因子指标。

而后面的三个效用可统称为感知价值，由于旅游者在旅游活动中的总体感受是由每一个细微的感知集合而成的，且总体感受相当复杂，因此，可以将构成总体感受的每一个感知分开评价。

质量感知价值是指游客对于文保单位本身性质的感受，文保单位本身性质可以大体从科学质量感知价值和艺术质量价值衡量，科学质量感知价值用整体布局、建筑、园林等的工艺衡量；艺术质量感知价值用文物原真性和完整性、文物艺术美、环境优美度、适宜性等评价。

服务感知价值指游客对于景区包含导游在内的服务人员的专业度、态度等的感受。服务人员的专业度体现在其外表及对所从事职业的熟悉度与了解度，态度表现在其对于游客是否热情；游客对于导游服务质量的感受可从导游的整体素质包括讲解质量与导游费用是否合理来衡量。此外景区内部相关文化展示活动、解说及展示、游客密度等也会对游客的感知产生影响。因此，服务感知价值可从解说或展示的新颖性、科学性及准确性，服务人员热情度，相关文化展示活动，游客密度，讲解质量，游览时间和导游费用合理性等方面衡量。

设施感知价值是指旅游者对于文保单位基础和服务设施的感受。旅游地基础和服务设施包括生态环境建设、餐饮、住宿、交通及购物设施。除此之外还有门票价格也是影响该价值的指标因素。

（2）从居民、政府、文保单位角度，这些利益相关者获取的价值与旅游者的效益是相辅相成的，因此相关指标资料可以通用。此外存在该角度下特有的指标。

针对当地居民，当文保单位发展成为旅游景区后居民可通过在附近开设餐饮、住宿、交通、商店、旅行社等设施甚至在景区内就职而获得一定的收入，这是当地居民最直接的收益。而旅游开发最基础的工作就是建设便捷的交通和优美的环境，此类基础设施不可或缺。这些设施除了能为文保单位景区所用，也能为当地居民提供优质的生活条件，改善其生活品质。此外，由于文保单位本身所具有的文化属性，在景区开发中挖掘的文化除了对旅游者有教育意义外也能充实居民对于本地历史的了解，从而提升地方荣誉感和归属感。同时游客与当地居民之间的沟通，其实是两地文化的交流碰撞，不仅使游客了解了当地文化，也能拓宽居民对于其他文化的认识。综上，在居民角度可用收入、生活品质、教育性等三个因子层指标表示。收入的属性层指标有餐馆、商店（包括流动商贩）、旅行社、交通等收入和景区就业；生活品质的属性层指标有生活环境改善和基础设施优化；教育性属性层指标有地方荣誉感、归属感提升，本地历史的了解，其他文化的了解。

针对政府，所属辖区内的文保单位发展旅游业，带来游客消费，由于旅游产业带动性很强，除了景区自身收入外还能带动交通、餐饮、住宿、零售等行业的发展，从而为政府创造更多的税收；同时旅游发展在地方形象宣传上也能发挥作用。地方形象可以用知名度和美誉度表示。

针对文保单位，旅游的发展吸引了众多旅游者前来，提高了其门票收入和导游收入等直接收益，对其安全保护的机构和制度、人力、物力、财力投入均会相应增多，这是积极方面的影响；但同时游客旅游也可能对其造成消极影响，比如对文物本身的破坏和其他安全隐患等。因此，文保单位角度可从积极影响和消极影响两个因子层指标表示。积极影响可用门票收入与导游费收入、安全保护机构及制度增多、投入更多人力、物力、财力等三个属性层指标表示；消极影响用对文物本身的破坏和其他安全隐患等两个属性层指标表示。

针对属性层指标说明见表4.7。

表4.7 利益相关者角度文保单位旅游利用价值评价体系属性层指标说明

属性层	指标说明
历史、建筑、艺术、风俗等的了解	通过旅游增加了历史、建筑、艺术、风俗等方面的知识
情感和意识	爱国、热爱传统文化、提升保护文物意识
文物原真性和完整性	游客对文保单位保持原真性与完整性的感受
整体布局	游客对整体布局的感受
建筑、园林等的工艺	游客对文保单位工艺的感受
文物艺术美	游客对文保单位艺术美感方面的感受
解说或展示的新颖性、科学性及准确性	游客感觉出版物、指示牌、导览图、解说牌等的合理程度

相关文化展示活动	游客对文化文艺展示及表演活动的喜爱程度
游客密度	文保单位内游客数量占其阈值的比例
服务人员热情度	游客感受到服务人员的热情程度
讲解质量	游客对导游讲解质量的感受
导游费用合理	导游费用的合理程度
环境优美度、适宜性	游客对文保单位环境美感、适宜的感受
购物体验	游客对于文保景区购物体验的满意度
饮食体验	游客对于文保景区饮食体验的满意度
住宿体验	游客对于文保景区住宿体验的满意度
交通体验	游客对于文保景区交通体验的满意度
门票价格合理	游客认为门票价格的合理程度
游览时间合理	游客游览完所花费时间的合理程度
餐馆、商店（包括流动商贩）、旅行社、交通等	本地居民通过这些产业获得的收入
景区就业	本地居民在景区内就业的数量及比例
生活环境改善	对当地生活环境的改善程度
基础设施优化	对当地基础设施的优化程度
地方荣誉感、归属感提升	居民地方荣誉感和归属感提升程度
本地历史及文化的了解	对当地历史及文化了解的多少与程度
其他文化的了解	与游客交流中对其他文化的认识与了解
地方知名度	在社会上被知晓、了解的程度
地方美誉度	人们对当地评价的好坏
税收	政府税收增加额

门票收入与导游费收入	文保单位门票收入与导游费收入
安全保护机构及制度增多	增设了安全保护机构安保制度
投入更多人力、物力、财力	多方投入支持以确保文保单位旅游发展
对文物本身的破坏	旅游发展使得文物本身遭受破坏程度
其他安全隐患	发展旅游后文物遭受其他安全隐患

五、文保单位旅游利用价值评价体系指标权重确定

（一）本体价值角度评价体系指标权重

1.研究设计

本体价值角度构建的旅游利用价值评价体系是针对还未开发的文保单位的评价，由于几乎没有游客前往，所以以专家调查法为主。本文选取了旅游规划、旅游研究、文物研究与保护等方面的专家共 10 位，向他们发放专家调查表，征询他们对于尚未开发的文保单位旅游利用价值评价体系中的指标重要性的意见。调查表根据上文本体价值角度文保单位旅游利用价值评价指标体系共设置 17 个项目，采用李克特量表（Likert scale）编制 5 个选项"相当重要"、"重要"、"一般"、"不重要"和"相当不重要"，详细表见附录 1《文物保护单位旅游（潜在）利用价值调查表》。收集到专家意见后用灰色关联分析法结合 EXCEL2003 对数据进行处理，最终得到评价指标的权重。

2.数据分析后得出权重体系

针对专家问卷获得的数据，本文采用灰色关联分析方法，将所得数据按照 5 分制输入 EXCEL2003 中，即 1-5 分代表相当不重要到相当重要 5 个强度，并根

据灰色关联分析步骤，严格设定运算公式，最后得出结论。具体步骤有：

第一步：根据专家数据可知对文保单位发展旅游影响最大的是与文保单位相关的人物或事件，因此本文选定人物指标为关联分析的母序列，其余指标为子序列；

第二步：由于所获得指标资料的意义大不相同，按照均值法将数据进行无量纲化处理；

第三步：以人物指标数据为基准求绝对极差，在EXCEL2003中使用ABS函数；

第四步：用MAX和MIN函数求绝对极差的最大、最小值；

第五步：运用以下公式求母序列与子序列的关联系数：

$$Lt\,(i,\,0) = \frac{\Delta_{\min} + \rho\Delta_{\max}}{\Delta_{(t)}(i,0) + \rho\,\Delta_{\max}}$$

其中，$Lt\,(i,\,0)$ 为关联系数，$\Delta_{\min}$ 为绝对极差最小值，$\Delta_{\max}$ 为绝对极差的最大值，ρ 为分辨系数。由于 ρ 是常数，一般取值为0.5，但也会根据实际情况动态取值，有许多学者就指出了 $\rho=0.5$ 是不合理的，并认为应该用0.05[1]。本文通过对比 ρ 取0.5、0.1和0.05情况下各指标的权重，认为取0.1时比较适合该评价体系，因此选取0.1作为分辨系数；

第六步：将关联系数Lt按照分项进行合计，并以人物指标为基准求关联度；

第七步：将以上数据归一化处理，得到各指标的权重，本文结合实际情况以及评价的实用性，将最后的权重做了稍微改动，得到表5.1最终权重值及最终的评价体系。

[1]申卯兴,薛西锋,张小水.灰色关联分析中分辨系数的选取.空军工程大学学报(自然科学版),2003,1,68-70.

表 5.1 本体角度文保单位旅游利用价值评价体系指标权重

目标层	准则层权重%	因子层权重%	属性层	权重%
文物保护单位旅游利用价值评价体系	本体价值 80	历史价值 26	年代	6
			人物	10
			事件	10
		艺术价值 16	观赏性	8
			奇特性	8
		科学价值 18	技术结构	6
			代表性	8
			教育意义	4
		知名度与保存状况 20	知名度与影响力	6
			原真性	4
			完整性	6
			规模度	4
	外在因素 20	区位与环境 20	交通	4
			地理位置（是否在城市）	4
			周边环境	4
			适宜旅游利用时间	3
			聚集组合状况	5

根据本评价体系，由于在实际操作中是按照属性层各指标进行评分的，将评价体系总体设置为100分，属性层各指标的满分之和为100，每个指标分值与其对应权重数值相等，如年代的权重为6%，那么在100分评分制下年代的分值为6分。以每个指标总得分为基础及限制，设置具体评价项目及分值，见表5.2。

表 5.2 本体角度文保单位旅游利用价值评价体系属性层指标评分

项目	项目属性				
年代	史前及夏商周	秦汉及魏晋南北朝	隋唐五代及宋辽金元	明清时期	近现代时期
	6	4	3	2	1
人物	全国级	大区域级	省级	市级	县级及以下
	10	8	5	3	1
事件	全国级	大区域级	省级	市级	县级及以下
	10	8	5	3	1
观赏性	很美		较美		一般
	8		4		1
奇特性	很奇特		较奇特		普通
	8		4		1
技术结构	很先进		较先进		一般
	6		3		1
代表性	孤例或少数		较多		很多
	8		4		1
教育意义	高		一般		几乎没有
	4		2		1
知名度与影响力	高		一般		几乎没有
	6		3		1
原真性	高		一般		几乎没有
	4		2		1

完整性	很完整	一般	很不完整
	6	3	1
规模度	很大	一般	很小
	4	2	1
交通	很方便	较方便	不方便
	5	3	1
地理位置（是否在城市）	在城市或很近（3公里以内）	较近（10公里以内）	很远（大于10公里）
	4	3	1
周边环境	好	一般	差
	4	3	1
适宜旅游时间	大于半年	半年	小于半年
	3	2	1
聚集组合状况	组合很好	组合一般	组合较差
	5	3	1

（二）利益相关者角度评价体系指标权重

1.研究设计

利益相关者角度的旅游利用价值评价体系是针对已经开发为旅游景点的文保单位进行的评价，根据前述内容可将该评价体系分成旅游者角度和其他利益者角度进行，当然两个体系也可合并使用。上文在描述时是将两个体系放在一起，便于理解，在对指标权重进行确定时本文将两个体系分开评价。

针对旅游者角度的文保单位旅游利用价值评估体系，本文选定山西4个文保单位为调查点，通过现场及网络方式发放游客问卷调查（见附录2），征询他们对于这些旅游景点的看法。而后将收回的调查问卷用因子分析法处理，验证结论的有效性后经专家修正得到最终的指标权重。将基于这些文保单位调查而得到的指标权重作为旅游者角度下文保单位旅游利用价值评价体系指标的权重。

针对居民、政府和文保单位角度的利益相关者旅游利用价值评价体系，考虑到这三方利益相关者在发展旅游过程中都是为旅游者服务的，每个主体的好坏都能对旅游者效益产生决定性影响，但影响大小不定，因此本文在为这三个主体与每个主体下设的属性层指标设定权重时采用专家访谈法，结合专家意见设定了不同比例权重。

2.研究对象及实地调研

由于所建立的评价体系针对的是所有类型的文保单位，因此在选定文保单位进行游客问卷调查时要充分考虑到全面性。本文选定了太原的晋祠、龙山、双塔寺及晋城高平的长平之战遗址进行调研。其中，晋祠是第一批全国重点文保单位，属于古建筑类，且很早就被国家评为4A级景区；龙山景区中有龙山石窟，是第四批全国重点文保单位，属于石窟寺类；双塔寺即永祚寺，是第六批全国重点文保单位，属于古建筑类；而长平之战遗址是山西省级重点文保单位，属于古遗址类，国家3A级旅游景区。这四个景区既包括了国家级文保单位，也包含有省级文保单位，既有古建筑类、石窟寺类，也有古遗址类，同时双塔寺旁边的烈士陵园可以代表近现代重要史迹及代表性建筑，既有A级景区，也有非A级景区。因此，基于这四个景点考察文保单位旅游利用价值是合适的。

在根据以上设计的评价体系设计完游客调查问卷后，笔者于2015年12月至2016年3月期间分别前往这四个地方进行了实地调查。然而由于天气寒冷，旅游的游客并不是很多，于是笔者又设计网络调查问卷，通过同学、实习单位同事帮忙，又找了近期前往这四个地方旅游的游客，并让他们帮忙填写了调查问卷，最终收集到了300份有效调查问卷。根据样本数量是指标的5-10倍原则，本文在以旅游者角度构建的文保单位旅游利用价值评价体系中共设置了20个属性层指标，样本数量达到要求，因此该分析可以继续进行下去。

3.数据分析

（1）调查样本及人口统计分析

本文获取的300份有效调查问卷中，有123份是在晋祠，73份在双塔寺，58份在龙山，46份在长平之战遗址。具体频数及比例见表5.3。

表 5.3 问卷调查点分布频数及比例

调查点	频数	比例
晋祠	123	41%
双塔寺	73	24.3%
龙山	58	19.3%
长平之战遗址	46	15.3%
合计	300	100%

从这个表中我们可以很明显看出，晋祠的游客量所占比例较大，这个和实际是相符的，由于晋祠是国家级文保单位，且是国家级4A景区，还在太原市内，相较于其他三个景区来说，晋祠是发展最好的，因此游客数量也就相对较多。而长平之战遗址是在晋城市高平市的一个村镇，虽然距离高平市不远，但是与大的客源市场距离较远，因此其游客问卷占比较小也是可以解释的。

本文运用IBM SPSS Statistics Version19进行问卷人口统计特征分析，结果如表5.4：

表 5.4 问卷调查样本人口统计特征

统计变量	变量属性	频数	比例
性别	男	162	54%
	女	138	46%
年龄	<18 岁	9	3%
	18–40 岁	148	49.3%
	41–65 岁	116	38.7%
	>65 岁	27	9%
职业	政府工作人员	27	9%
	企事业管理人员	32	10.7%
	公司职员	70	23.3%
	专业技术人员	33	11%
	服务人员	24	8%
	工人	34	11.3%
	农民	7	2.3%
	军人	3	1%
	教师	19	6.3%
	离退休人员	21	7%
	学生	26	8.7%
	其他	4	1.3%
学历	大学本科及以上	99	33%
	大学专科	97	32.3%
	中专及高中	75	25%
	初中及以下	29	9.7%
月收入	<2000 元	26	8.7%
	2000–3000 元	56	18.7%
	3001–5000 元	111	37%
	5001–10000 元	93	31%
	>10000 元	14	4.7%
居住地	文物所在市	174	58%
	山西省其他市	93	31%
	其他省市	33	11%

从被调查者性别分布上看，男女比例为 54:46，比较平均，男性游客稍微多出一点；

从被调查者年龄分布来看，由于设置问卷时是按照少年、青年、中老年及老年的方法将年龄分段的，在收回的问卷中可以明显看出是以青年游客为主，占据了一半以上，接着是中老年游客，少年及老年游客少了很多；

从被调查者职业分布来看，公司职员旅游人数最多，占据 1/5 以上，农民和教师数量较少，军人数量最少，其余职业旅游者人数相对比较平均；

从被调查者学历即教育程度分布来看，拥有大学本科及以上学历的游客数量偏多，占了 33%，随着学历的降低，旅游者人数也就逐渐减少。这也说明了文保单位这种偏文化类景区对于高学历吸引比较大，而低学历的旅游者一般不太喜欢；

从被调查者月收入分布来看，每月 3001-5000 元收入的游客数量最多，超过 1/3；每月 5001-10000 元收入的游客，占了 31%，接近 1/3，紧随其后；月收入在 10000 元以上的游客数量最少，只有 4.7% 的比例；

从被调查者的居住地分布来看，来这四个文保单位旅游的游客以本地市居民偏多，占据将近 60%，本省游客次之，占 31%，省外游客数量较少，占比仅为 1/10 强，这也充分说明了我省文保单位景区的客源主要是省内，或者说是本地市，对外的吸引力还不够大，也有可能是对外宣传力度还是不够大。但这也从另一方面说明了我省文保单位旅游景区具有很大的发展潜力。

（2）SPSS 分析问卷数据

分析完被调查者的基本情况之后，本文将游客对于文保单位的感受数据录入 IBM SPSS Statistics Version19 进行因子分析。具体步骤有：

第一步：检验获取的游客调查问卷数据用因子分析法是否合适。笔者用系统求出了问卷数据的 KMO 及巴特勒（Bartlett）球形检验，结果见表 5.5。KMO 值大小与选取样本量有关，一般这个值越大（最大为 1）表明数据变量共同因子多，适合做因子分析，越小（一般小于 0.5）就不适合做因子分析。该研究中 KMO 为 0.636，大于 0.5，且 Bartlett 球形检验达到了显著性水平，说明可以做因子分析。

表 5.5　KMO 和 Bartlett 球形检验

KMO值（取样适当性度量）		.636
Bartlett球形检验	近似卡方分布	526.804
	自由度	190
	显著性Sig.	.000

第二步：选择主成分分析法提取因子，而因子载荷矩阵的旋转方法选择最大方差旋转法。结果共有八个因子的特征值大于 1，即可将所有指标归为八类因子，这八类因子对旅游利用价值方差累积解释率为 63.821%，说明可以解释原有数据的大部分信息资料，因此可以继续操作。

第三步：按照每个指标的载荷值大小，结合实际情况，有些因子不适合分开评价，笔者做了稍微调整，将所有指标归入到五类因子中，其中由于导游费用和门票价格指标的载荷较低，可将该指标删除。其他指标归类、因子命名及方差贡献率见表 5.6。

表 5.6 因子重命名、载荷及方差贡献

因子层	属性层	载荷	方差贡献
设施感知价值	购物体验	.531	14.7%
	饮食体验	.682	
	住宿体验	.511	
	交通体验	.622	
教育涵化价值	历史、建筑、艺术、风俗等的了解	.700	11.4%

	情感及意识	.599	
服务感知价值	解说或展示的新颖性、科学性及准确性	.532	15.4%
	服务人员热情度	.630	
	相关文化展示活动	.520	
	游客密度	.534	
	讲解质量	.589	
	游览时间	.579	
科学质量感知价值	整体布局	.663	7.7%
	建筑、园林等的工艺	.5077	
艺术质量感知价值	文物原真性和完整性	.619	14.6%
	环境优美度、适宜性	.576	
	文物艺术美	.621	

第四步：进行信度检验。本文通过测定数据的克朗巴哈系数（Cronbach's alpha）来验证其有效性。一般情况下在做探索性研究时该系数大于0.6就被认为具有较高的可信度。在该研究中Cronbach's alpha为0.717，说明可信度较高。从而验证了数据可靠。

第五步：由于上表中方差贡献为因子解释总体信息的比率，在因子分析中其就是权重。但是这些权重总和并达不到100%，因此可以将这些权重归一化处理，得到因子在整体中的权重。接着根据属性的载荷算出属性层各个指标的权重。

4.利益相关者角度的评价指标权重体系

以上是利益相关者角度中旅游者部分效益的评估体系。而居民、政府、文保单位角度的指标权重通过咨询相关专家，按照获取的利益大小进行设置。在此之前需要说明两点：一是由于旅游开发的目的是为了吸引旅游者，其他利益相关者的效益是在旅游者的基础上获得的，因此构建所有利益相关者旅游利用价值指标权重体系时，本文将旅游者角度和其他利益相关者角度按照2:1进行分配，即将整个权重100%分为旅游者占67%，其他占33%。而居民、政府和文保单位的权重根据专家意见，分别为15%、8%和10%。二是对文保单位本身进行旅游利用价值评价时由于存在消极影响，很明显这是一个负向指标，在整体评价中起到负作用，因此针对文保单位角度的指标权重，本文将分配给其的权重全部给积极影响，起正向作用；而消极影响起负向作用，经与相关专家讨论，其比重暂为–5%。

综上结合旅游者角度和居民、政府、文保单位角度的整个利益相关者的评价体系见表5.7。

根据本评价体系，由于在实际操作中是按照属性层各指标进行评分的，将评价体系总体设置为100分，属性层各指标的满分之和为100，每个指标分值与其对应权重数值相等，如历史、建筑、艺术、风俗等的了解的权重为4.5%，在100分评分制下其的得分为4.5分。以每个指标总得分为基础及限制，设置具体评价项目及分值，见表5.8。

（三）文保单位旅游利用价值分级

根据以上构建的本体价值角度和利益相关者角度文保单位旅游利用价值评价体系及评价项目分值，可以对文保单位展开评价。在100分制下，评价的结果可以分成五个级别：

5级：90-100分，代表具有极高旅游利用价值，若是尚未开发的文保单位，则具有很强的开发潜力，若是已经开发的文保单位景区，则是旅游发展非常好。下同。

4级：80-89分，代表具有很高的旅游利用价值；

3 级：70-79 分，代表具有较高的旅游利用价值；

2 级：60-69 分，代表具有一般的旅游利用价值；

1 级：59 分及以下，代表旅游利用价值较小或没有，针对尚未开发的文保单位即为不适合开发旅游。而针对已经开发为旅游景区的文保单位说明旅游发展极差，到了必须从头考虑规划建设或者关门倒闭的时候了。

表 5.7 利益相关者角度文保单位旅游利用价值评价体系指标权重

目标层	准则层权重%	因子层权重%	属性层	权重%
文物保护单位旅游利用价值评估体系	旅游者67	教育涵化价值 12	历史、建筑、艺术、风俗等的了解	4.5
			情感及意识	3.5
		科学质量感知价值 9	整体布局	5
			建筑、园林等的工艺	4
		艺术质量感知价值 15	文物原真性和完整性	4
			环境优美度、适宜性	5
			文物艺术美	5.5
		服务感知价值 16	解说或展示的新颖性、科学性及准确性	3
			服务人员热情度	3.5
			相关文化展示活动	4.5
			游客密度	3
			讲解质量	3.5
			游览时间	3
		设施感知价值 15	购物体验	3.5
			饮食体验	4.5
			住宿体验	3
			交通体验	4
	居民15	收入 4	餐馆、商店（包括流动商贩）、旅行社、交通等	2

	生活品质 5	景区就业	2
		生活环境改善	2.5
		基础设施优化	2.5
	教育性 6	地方荣誉感、归属感提升	3
		本地历史的了解	1.5
		其他文化的了解	1.5
政府 8	地方形象 6	地方知名度	3
		地方美誉度	3
	收益 2	税收	2
文保单位 10	积极影响 10	门票收入与导游费收入	3
		安全保护机构及制度增多	3
		投入更多人力、物力、财力	4
	消极影响 −5	对文物本身的破坏	−3
		其他安全隐患	−2

表5.8 利益相关者角度文保单位旅游利用价值评价体系属性层指标评分

属性层	好（高、多、合理）	中等	差（低、少、不合理）
历史、建筑、艺术、风俗等的了解	4.5	2.2	0
情感及意识	3.5	1.7	0
文物原真性和完整性	4	2	0
整体布局	5	2.5	0
建筑、园林等的工艺	4	2	0
相关文化展示活动	4.5	2.2	0
环境优美度、适宜性	5	2.5	0
文物艺术美	5.5	2.7	0
解说或展示的科学性、准确性新颖性	3	1.5	0

服务人员热情度	3.5	1.7	0
游客密度	3	1.5	0
讲解质量	3.5	1.7	0
游览时间	3	1.5	0
购物体验	3.5	1.7	0
饮食体验	4.5	2.2	0
住宿体验	3	1.5	0
交通体验	4	2	0
餐馆、商店（包括流动商贩）、旅行社、交通等	2	1	0
景区就业	2	1	0
生活环境改善	2.5	1.2	0
基础设施优化	2.5	1.2	0
地方荣誉感、归属感提升	3	1.5	0
本地历史的了解	1.5	0.7	0
其他文化的了解	1.5	0.7	0
地方知名度	3	1.5	0
地方美誉度	3	1.5	0
税收	2	1	0
门票收入与导游费收入	3	1.5	0
安全保护机构及制度增多	3	1.5	0
投入更多人力、物力、财力	4	2	0
属性层	**严重**	**一般**	**没有**
对文物本身的破坏	−3	−1.5	0
其他安全隐患	−2	−1	0

六、山西文物保护单位旅游利用状况

（一）山西文物保护单位概述

绵延五千年的中华文明史在山西留下数以万计的文化遗产。在第三次全国文物普查中，山西共登录不可移动文物 53875 处，位居全国前列。其中，国家级文保单位 452 处，居全国首位，比第二位的河南高出将近百处；世界文化景观及遗产共 3 处，位居全国前茅；4 处进入《中国世界文化遗产预备名单》，占整个名单 44 项的 9.1%；文物法要求保护文物丰富且价值重大的历史文化名城 6座，占全国 127 座中的 4.7%；历史文化名镇 8 个、名村 32 个共 40 个占全国名镇252 个、名村 276 个共 528 个的 7.6%，总数位居第一。[1]

在省级文物保护单位中，由于是由各省级政府核定公布，从 1965 年 5 月到2004 年 6 月公布的四批山西省省级文保单位中，除去已升为国家级的，共有 309处。（说明：加上 2016 年 6 月公布的第五批 178 处，现有省级文保单位 487 处）

（二）山西文物保护单位旅游利用情况及研究现状

1.山西文物保护单位旅游利用情况

在国家标准及学者的研究中并没有涉及有关文物保护单位的旅游利用现状情况如何评价，本文结合张世满教授设置的《×市全国重点文保单位旅游利用情况调查表》及调查数据[2]展开分析。在全省 452 处国保单位中，以"卖门票、有管理但免票开放及领取免费门票"为标准来界定文保单位已经成为旅游景点，这样的数字是 150 处，占 38.2%。全省 309 处省级文保单位中，有 26 处发展为

---

[1]以上数据均截止到 2015 年 8 月 31 日。
[2]张世满.2014-2015 年山西旅游发展分析与展望.山西经济出版社,2015,108-135.（张世满,2014年度山西国家级文物保护单位旅游利用状况研究报告.）

旅游景点，占总数的 8.4%。而在数千个市县级文保单位中发展为旅游景点的有 20 个，比例不足 5%。从文保单位发展旅游情况来看，山西是文物大省，但是旅游发展情况相对较弱。其中，国保单位发展旅游的比例最高；而省级及市县级文保单位亟需摆脱单一静态的保护现状，进行旅游利用价值评价，适当开发旅游。

根据山西省旅游局提供的相关数据整理，山西共有各类旅游景区 537 个，其中 2012 年 2 月统计的十类景区共 533 个，其中 A 级景区 99 个，非 A 级 434 个；截止 2015 年 8 月山西 A 级景区 146 个，其中与 2012 年相比新增 21 处。排除个别景区合并，共计 537 个。其中国保类景区占总数的 27.9%，省保类占 4.8%，市县级文保单位所占比例更低。在 A 级景区中，国保类有 45 个，占总数的 30.8%。省级及市县级文保单位景区比例较低（见表 6.1）。从旅游景区名单及文保单位所占比例可以看出，山西旅游景区以文化遗产为核心产品占据大多数，而其中一些有旅游价值的文物并没有入选级别较高的文保单位名录，这样就会使这些文物在旅游过程中没有得到更多的重视、保护。文保类景区在山西旅游景区中总数超过 1/3，是最重要的旅游资源，且仍有巨大发展潜力。

表 6.1 山西省 A 级景区中各级文保单位数量及占比

	5A 级景区	4A 级景区	3A 级景区	2A 级景区	A 级景区	合计
总数	6	78	31	25	6	146
国保（或景区中包含国保）	6（100%）	28（35.9%）	4（12.9%）	5（20%）	2（33.3%）	45
省保（或景区中包含省保）	0（0%）	6（7.7%）	3（9.7%）	4（16%）	0（0%）	13
市保（或景区中包含市保）	0（0%）	1（1.3%）	4（12.9%）	0（0%）	0（0%）	5

2.山西文保单位旅游利用价值评价体系研究现状

通过查找相关文献资料，学者对于山西文保单位旅游利用价值研究几乎没有，只有部分硕士学位论文从量化角度对山西文物价值进行评价[1]，以及少数低级别期刊定性评价。对比国内其他省市，如北京、四川等，许多文物保护单位均被作为研究对象进行旅游价值的评价，山西作为全国文保单位数量最多的省份，相关研究如此甚少只能说明以下问题：一是文保单位在山西的被重视程度不够，学者对其的关注度不足；二是山西文保单位自身存在的不足，如进入性差，保护不够破坏严重等；三是山西旅游发展较慢，学者们没有注意到山西文保单位的旅游价值。这提醒我们对山西文保单位的研究刻不容缓，对山西文保单位旅游的研究势在必行。

（三）山西部分文保单位旅游利用价值评价

在上文中已经构建了本体价值角度和利益相关者角度的文保单位旅游利用价值评价体系。其中，本体角度的文保单位旅游利用价值评价体系是针对尚未开发的文保单位设置的，可以理解为旅游开发价值，笔者在构建本评价体系时借鉴了许多其他学者的经验，而他们已经在自己的研究当中验证了评价指标的实用性，再者由于尚未开发为旅游景区的文保单位存在一定的问题，因此笔者便不再对该评价体系进行验证，而只是利用利益相关者角度文保单位旅游利用价值评价体系对山西部分已经开发为旅游景区（点）的文保单位做了评价。

由于上文中构建旅游者角度评价体系时选取了山西晋祠、龙山、双塔寺和长平之战遗址四个文保单位景区进行了调研，因此同样选取这四个文保单位景

---

[1]比较有代表性的有山西大学吉丽娜 2011 年的《山西文庙旅游资源开发利用研究》，太原理工大学张湃 2010 年的《晋南全国重点文物古建筑价值评估方法研究》。

区进行旅游利用价值评价。笔者根据自身体验并结合评价体系，对四个文保单位评分如下表6.2。

表6.2 四个文保单位景区旅游利用价值评分及排名

景区名称	旅游利用价值得分	排名
晋祠	85.5	1
双塔寺	73.6	2
长平之战遗址	66.6	3
龙山	62.3	4

纵观该评分表及排名，可以看出这与现实情况是吻合的。晋祠是国家级文保单位，国家4A级旅游景区，是山西省会太原市的一张名片。而双塔寺几乎位于太原市中心，同属国家级文保单位，两座古塔巍峨壮丽，引人注目，虽不是A级景区，但其每年接待游客量及旅游收入排在太原文化类景区前列；而长平之战遗址虽不是国家级文保单位，但其历史悠久，面积很大，是所属地晋城高平重点打造的景区，属3A级旅游景区；如果单说龙山中的龙山石窟旅游利用价值并不大，但是其处在龙山之中，结合龙山美丽的自然风光，是太原市民休闲的一大去处，而龙山石窟作为其中一个景点也必将受到旅游者青睐。

综上，对于山西部分文保单位旅游利用价值的评价验证了利益相关者角度文保单位旅游利用价值评价体系的实用性。

七、结论与展望

文章首先分析了对文物保护单位旅游利用价值评估的重要性，接着对有关文保单位旅游利用价值的文献资料进行了整理分析，发现对旅游利用价值的研究甚少，且概念认识各有不同，评价标准不甚统一。根据学者们的研究及与专家的交流，本文对文保单位、旅游利用价值及相关概念作了分析与解释。并从文保单位本体价值角度和利益相关者角度两方面构建了文保单位旅游利用价值评估指标体系，基于专家调查法和对山西部分文保单位景区旅游者问卷调查、数据分析，设定了评价体系中指标权重。最后在几个文保单位景区中验证了评估体系的实用性。

（一）结论

本文结论有：

（1）对旅游利用价值学界并没有统一的认识，本文结合相关研究，认为可从本体价值角度和利益相关者角度理解文保单位的旅游利用价值。本体价值角度是指文保单位尚未被开发为旅游景区（点）而要评估其是否适合发展旅游；利益相关者角度是指文保单位发展成为景区（点）后对旅游者、居民、政府及其本身的效益。可将旅游利用价值定义为是对旅游资源是否能被开发成为旅游景点的衡量尺度，是旅游景点对利益相关者产生效用的衡量标准。

（2）本文构建了本体价值角度和利益相关者角度下的文保单位旅游利用价值评估体系，均包括四层，其中目标层为研究目的即评价体系。在本体价值角度评价体系中，准则层两个指标本体价值和外在因素权重分别为80%和20%，本体价值对于旅游利用价值的影响力远大于外在因素；本体价值因子层指标包含历史价值、艺术价值、科学价值和知名度与保存状况，所占权重分别为26%、16%、18%和20%，而外在因素主要通过区位与环境体现。属性层指标共有17个，其中，历史价值中的人物和事件属性对旅游开发影响最大，占比均为10%；艺术价值是影响旅游者的重要因素，其两个属性层指标：观赏性和奇特性所占权重也相对较大，同为8%，而科学价值的代表性属性决定了文保单位是否稀缺，这也是影响旅游者的重要因素，占比8%；历史价值中年代属性、科学价值中技术结构属性、知名度与影响力属性和完整性属性占比相同，均为6%；在区位与环境属性中，聚集组合状况权重为 5%，适宜旅游利用时间权重为 3%，是所有属性层指标中占比最小的，但是其对于文保单位旅游利用的影响是不能忽视的；其余属性层指标的权重为 4%。

利益相关者角度评价体系中，准则层分为旅游者、居民、政府和文保单位四个指标，由于旅游者在文保单位旅游利用中起到核心作用，因此可将其所占权重与其他利益相关者按照 2:1 进行分配，其他利益相关者权重按照专家意见设定，即旅游者权重 67%，居民权重 15%，政府权重 8%，文保单位权重 10%；旅游者因子层指标中，按照因子分析法可分为五个指标，分别为教育涵化价值、科学质量感知价值、艺术质量感知价值、服务感知价值和设施感知价值，其权重分别为 12%、9%、15%、16% 和 15%；其属性层共有 15 个，权重从 3% 到 5.5%；居民因子层包含收入、生活品质和教育性三个指标，权重为 4%、5% 和 6%；属性层共七个指标，权重均相关较小；准则层政府指标包含两个因子层指标，地方形象和收益，发展旅游对于提升政府形象有积极的推动作用，其占比为 6%，可分为知名度和美誉度属性，而政府收益则主要通过税收属性体现，占比为 2%；针对文保单位本身，因子层指标包含积极影响和消极影响，旅游利用对文保单位本身的效益即为积极影响，而消极影响对整个效益起到反作用，因此两个指标权重分别为 10% 和 -5%；积极影响包含三个属性层指标，消极影响包含两个属性层指标。

（3）利用本文所构建的文保单位评估体系对山西几个文保单位景区进行评价，与实际情况相符，说明该评价体系具有一定的实用性。

（二）不足与展望

本文的不足主要是：

（1）本文在选取专家方面只能局限于与作者有交集的，代表性、权威性较差，且选取专家数量较少，这样就会造成其他学者对于构建的指标体系是否真正实用的疑问。针对此问题，本文暂且不说该指标体系是否可行，由于目前研究甚少，概念理解及评价体系不成系统，使得理论与实践相互脱钩，文保单位旅游开发存在极大难度。如果文章能提醒更多的人关注到文物保护单位的旅游利用价值，吸引更多的学者研究文保单位旅游利用价值，那对于文保单位及其旅游利用价值的认识就会更加准确，能为文保单位旅游开发及提升提供指导；

（2）本文在文保单位及旅游者样本选取方面仍有局限，如果扩大文保单位的选取范围及每种类型的选取数量，并扩大游客问卷的数量，可提高结论的可信度。

针对以上不足，本文认为以后要在以下方面得以加强：投入更多的人力物力到文保单位及旅游利用价值的研究中，特别是概念、类型、适用范围、指标及属性等基础性研究，使学术界及实践者对其达成共识；同时在构建文保单位评价体系时，既要扩大选取专家的专业范围及数量，征求更多的意见，也要扩大游客样本及文保单位样本，增强数据的可信度，进而使得结果更加科学可靠，更具普适性。此外，针对旅游利用价值，要扩展到评价其他旅游资源的价值中，进而形成评价旅游利用价值统一的标准体系。

附录1：

文物保护单位旅游（潜在）利用价值调查表

尊敬的专家：

您好！非常感谢您能在百忙之中抽出宝贵的时间填写该评分表！

这是一份关于评价文物保护单位是否值得开发旅游的专家意见征求表，以下各因素对文保单位开发旅游的重要性不尽相同，烦请您根据重要性程度打分。

项目	相当重要	重要	一般	不重要	相当不重要
年代					
人物					
事件					
观赏性					
奇特性					
技术结构					
代表性					
教育意义					
知名度与影响力					
原真性					
完整性					
规模度					
交通					
离客源地距离					
周边环境					
适宜旅游时间					
聚集组合状况					

山西大学旅游学院

附录2：

文物保护单位旅游利用情况调查问卷

尊敬的先生/女士：

您好！本问卷旨在了解您对（文物保护单位）的旅游利用情况。问卷调查数据纯属科学研究之用，我们保证对该数据完全保密。请您在繁忙之余协助我们填写这份调查问卷。谢谢您的支持与合作！

答案没有对错之分，请在符合您的选项打√即可。

山西大学旅游学院

一、您的性别：

①男　　②女

二、您的年龄：

①<18 岁　　②18–40 岁　　③41–65 岁　　④>65 岁

三、您的职业：

①政府工作人员　②企事业管理人员　③公司职员　④专业技术人员

⑤服务人员　　　⑥工人　　　　　　⑦农民　　　⑧军人

⑨教师　　　　　⑩离退休人员　　　⑪学生　　　⑫其他

四、您的学历：

①大学本科及以上　　②大学专科

③中专及高中　　　　④初中及以下

五、您的月收入：

①<2000 元　　②2000–3000 元　　③3001–5000 元　　④5001–10000 元

⑤>10000 元

六、您的居住地：

①文物所在市　　　②山西省其他市　　　③其他省市

七、您在这里旅游，对下面因素的评价如何？

项目	完全符合	符合	不确定	不符合	完全不符合
增加了对历史、建筑、艺术、风俗等的了解	5	4	3	2	1
提升了情感和意识	5	4	3	2	1
文物保持原真性，很完整	5	4	3	2	1
整体布局好	5	4	3	2	1
建筑、园林等的工艺高超	5	4	3	2	1
文物艺术美	5	4	3	2	1
环境优美，适宜	5	4	3	2	1
解说或展示的科学、准确、新颖	5	4	3	2	1
相关文化展示活动非常好	5	4	3	2	1
游客密度适中	5	4	3	2	1
服务人员很热情	5	4	3	2	1
导游讲解全面且易懂	5	4	3	2	1
导游费用合理	5	4	3	2	1
游览时间合理	5	4	3	2	1
购物体验好	5	4	3	2	1
饮食体验好	5	4	3	2	1
住宿体验好	5	4	3	2	1
交通体验好	5	4	3	2	1
门票价格合理	5	4	3	2	1

第四部分

山西国家级文物保护单位旅游利用状况研究报告

摘要： 山西共有452处国家级文物保护单位，数量位居全国第一，国保单位在山西旅游发展中起着非常重要的作用。但是文物资源不完全等同旅游资源，文物点也不等于旅游点。事实上，国保单位在旅游中发挥的作用差异很大，有一些已经是旅游的龙头或重点景区（点），也有许多尚未变成旅游点，甚至将来也不大可能成为旅游点。本文提出了门禁管理系统是衡量文物点转化为旅游点的最重要标准，分类、分地区全面调查梳理了全省国保单位的旅游利用情况，分析了影响旅游利用的两方面条件，即文物自身的旅游价值和旅游利用的外在客观因素，最后提出了进一步提升国保单位旅游利用率的建议。

关键词： 文物保护单位；旅游价值；旅游利用；文物旅游景点；文化旅游

山西是华夏文明的发祥之地，中华五千年文明史在山西这块神奇的土地上留下了延绵不断的历史文化遗产，序列完整，遗存丰富，具有代表性，山西可以说是中华文明历程的缩影，"华夏文明看山西"之说正源于此。丰厚的历史文化遗产成就了山西文物资源大省的地位。

文物资源大致可以分为不可移动与可移动两大类型。据文物部门统计，山西现有不可移动文物53875处，馆藏文物121.2万余件，其中珍贵文物近6万件，[1]在

---

[1]孟苗.山西文博一丝不苟地典守文化遗产.山西日报 2015-1-23-B4.

全国处于领先地位。为了更好地保护与传承文化遗产，我国将不可移动文物分为文物保护点、区级文物保护单位、县级文物保护单位、市级文物保护单位、省级文物保护单位以及全国重点文物保护单位 6 个级别，其中全国重点文物保护单位是对不可移动文物所核定的最高保护级别。《文物保护法》规定："国务院文物行政部门在省级、市、县级文物保护单位中，选择具有重大历史、艺术、科学价值的确定为全国重点文物保护单位，或者直接确定为全国重点文物保护单位，报国务院核定公布。"[1]国家级文保单位从 1961 年 3 月公布第一批，到 2013 年 5 月公布第七批，一共公布了 4295 处，其中山西 452 处，占 10.52%，数量位居全国第一。

《文物保护法》还规定："保存文物特别丰富并且具有重大历史价值或者革命纪念意义的城市，由国务院核定公布为历史文化名城。保存文物特别丰富并且具有重大历史价值或者革命纪念意义的城镇、街道、村庄，由省、自治区、直辖市人民政府核定公布为历史文化街区、村镇，并报国务院备案。"[2]国务院于 1982、1986 和 1994 年先后公布了三批国家历史文化名城（共 99 座），此后又先后十次增补，到 2014 年末，国家历史文化名城共计达到 126 座，其中山西有 6 座，占全国 4.29%，大同、平遥、太原、祁县、代县、新绛这六座名城都积聚了数处国家级重点文物保护单位；从 2003 年第一批国家级历史文化名镇（村）公布，到 2014 年第六批公布，全国共公布名镇（村）528 个（名镇 252 个名村 276 个），其中山西为 40 个（名镇 8 个名村 32 个），总数位居全国第一，占全国 7.57%。

另外，截至 2014 年末，中国共有世界文化遗产 37 项（含文化自然双遗产 4 项），其中山西 3 项，占全国 8.1%；在列入《中国世界文化遗产预备名单》的 44 个项目中，涉及山西的有 4 项，占全国 9%。

上述全国重点文物保护单位、历史文化名城、名镇（村）及世界文化遗产项目代表了一个区域最主要的文化遗产。山西正是依托这些文化遗产资源大力

---

[1]《中华人民共和国文物保护法》（2002.10）第 13 条.
[2]《中华人民共和国文物保护法》（2002.10）第 14 条.

发展文化旅游，已经可以说是文化旅游大省，文物资源在山西旅游发展中的地位十分重要。本文不打算全面讨论文物资源在山西旅游中的作用，而是就全国重点文物保护单位的旅游利用现状加以分析，主要是从利用程度的地区差异与类型差异加以比较，说明国保单位在旅游中的重要地位，同时分析制约国保单位旅游利用的条件，明确进一步利用的潜力与方向，为山西旅游做出更大贡献。

一、山西省国家级文物保护单位概述

从 1961 年 3 月至 2013 年 5 月国家共七次公布全国重点文物保护单位，山西的共计 452 处入选（参见文后附录），数量遥遥领先于其他省份，高出第二位的河南（357 处）近百处，是第三位河北（273 处）的 1.65 倍，几乎等于贵州（70处）广西（66 处）重庆（55 处）西藏（55 处）黑龙江（48 处）青海（44 处）宁夏（35 处）上海（29 处）天津（28 处）海南（24 处）10 个省份的总和（454处）。

全国重点文保单位分为古文化遗址、古墓葬、古建筑、石窟寺和石刻、近现代重要史迹及代表性建筑、革命遗址及革命纪念建筑物六类。山西 452 处国保单位类型齐备，其中尤以古建筑一类居多，达 386 处，占总数的 81.4%，全国元代以前的木构建筑遗存的 80% 集中在山西，整个山西就是一座古建筑博物馆。具体构成参见表 1.1。

表 1.1　山西省全国重点文物保护单位分类统计表

类别	古建筑	古遗址	古墓葬	石窟寺	近现代史迹	革命遗址	合计
数量	368	37	18	10	9	10	452
占比	81.4%	8.19%	3.98%	2.21%	1.99%	2.21%	100%

从地理分布来看，大致呈现以下三个特征：

一是大部分县区市都有分布。全省 119 个县级行政单位，拥有国保单位的达到 95 个，占县区市总数的 80%。

二是总体分布极不平衡，南多北少，由南而北递减。运城、临汾、晋城、长治构成的南部板块国保单位共计 264 处，占到总数的 58.4%，其中运城市（90 处）就占到全省约 1/5，下属 13 个县市区没有空白，平均每一县区拥有国保单位 6.92 处，而晋城（65 处）每一县区平均拥有的国保单位更是达到 10.83 个；太原、晋中、阳泉、吕梁构成的中部板块共计 132 处，占 29.2%；大同、朔州、忻州构成的北部板块共计 56 处，只占总数的 12.4%，其中朔州（5 处）仅占 1.1%，每个县区平均不到 1 个，平鲁、右玉和怀仁三县区均没有国保单位，南北数量悬殊之大由此可见。具体分布情况参见表 1.2。

表 1.2 山西省全国重点文物保护单位分布情况统计表

地市	大同	朔州	忻州	太原	晋中	吕梁	阳泉	长治	晋城	临汾	运城	合计
数量	27	5	24	33	65	26	8	66	65	43	90	452
占比	5.97	1.1	5.3	7.3	14.38	5.75	1.77	14.6	14.38	9.51	19.91	100%

三是国家级历史文化名城国保单位聚集度较高。其中太原城区有 22 处，大同城区 10 处（含南郊 5 处），平遥县城有 7 处，祁县县城有 1 处，代县县城有 3 处，新绛县城有 3 处，六座国家级历史文化名城共聚集国保单位 46 处，占到全省总数的 10.18%。

二、山西省国家级文物保护单位旅游利用状况

文物资源可以成为旅游资源，但并不能与旅游资源画等号。文物资源整体上说具有历史价值、文化价值、科学价值和艺术价值，但具体到某一处文物资源上述四方面的价值未必都具备。如果只有历史或文化价值，缺乏艺术价值、

科学价值，这样的文物资源未必能成为旅游资源，因为旅游资源强调的是观赏价值和吸引力。再加上文物的旅游价值发挥还受制于地理位置、交通状况、环境因素及配套设施等客观条件，所以，文保单位即使是国家级层次也未必都能成为旅游点。基于这一认识，我们就不能把文保单位一概视为旅游点。只有那些既具有旅游价值，又经过必要的配套开发建设，具备了旅游接待条件的文保单位才能为旅游所利用，成为现实旅游景点。

452处国保单位是一个庞大数字，也是极为宝贵的文物旅游资源。究竟这些文保单位的旅游利用情况如何？不同类型、不同地区、不同环境下的文保单位的旅游利用情况有何差异？怎么样进一步提升其旅游利用率？这些都是需要研究的重要问题。针对这些疑问，我们设计了一份简要的国保单位旅游利用情况调查表，设置了是否卖门票（如果卖价格多少）、年度接待游客量、有无讲解员、有无旅游纪念品销售、有无餐饮服务、有无停车场及其他情况等8项指标（参见表2.1），以地市为单位委托山西省文物局文物处下发各地市文物局加以调查统计。

表2.1　××市全国重点文物保护单位旅游利用情况统调查表

序号	文保单位名称	所属地市	所在县区	是否卖门票	门票价格	2013年游客数	有无讲解员	有无纪念品售	有无餐饮服务	有无停车场	其他情况
合计											

如何衡量文保单位旅游利用情况，目前国内没有统一标准，我们根据作为旅游景点的要求和旅游服务的基本要素主要设置了五方面的指标，权且作为判断标准。门票是旅游景点管理的最重要手段，因此门票管理（包括卖门票，免费发放门票或免票但有门禁系统管理）就是衡量国保单位是否成为旅游点的首要标准；导游讲解是历史文化类景区景点必有的服务要素，因此有无讲解员也

是文保单位成为旅游景点的重要标志；以上两项指标是衡量文保单位是否成为旅游景点的基本标准。此外，旅游纪念品特别是与景点相关的纪念品的销售、餐饮服务包括最简单的流动摊点以及停车场三项指标反映景点是否为游客提供"购、吃、行"这三方面的旅游服务，这些服务设施、场地往往不在保护单位的核心地带，而在景点门外或附近，未必是文保单位成为景点的必备条件，但反映文保单位的旅游接待条件和旅游利用程度。

情况统计表于2015年元月初反馈回来后，我们对可疑或没有填写清楚的保护单位，通过查阅其他资料、打电话询问相关人员等手段进行了查证，对调查统计表进行了必要的修正，在此基础上加以进一步分类、分区统计。

表2.2 各地市全国重点文物保护单位旅游利用情况汇总表

地市名称	文保单位总数	有门票管理的/占比	有讲解员的/占比	销售纪念品的/占比	有餐饮服务的/占比	有停车场的/占比
大同	27	12/44.4%	9/33.3%	5/18.5%	2/7.4%	12/44.4%
朔州	5	3/60%	4/80%	1/20%	3/60%	4/80%
忻州	24	11/45.8%	9/37.5%	3/12.5%	1/4.2%	12/50%
太原	33	11/33.3%	12/36.4%	6/18.2%	3/9.1%	10/30.3%
晋中	65	23/35.4%	19/29.2%	6/9.2%	6/9.2%	23/35.4%
吕梁	26	6/23.1%	9/34.6%	6/23.1%	1/4.3%	13/50%
阳泉	8	4/50%	3/37.5%	2/25%	2/25%	4/50%
长治	66	13/19.7%	16/24.2%	5/7.6%	4/6.1%	21/31.8%
晋城	65	18/27.7%	8/12.3%	4/6.2%	2/3.1%	26/40%
临汾	43	9/21.4%	11/26.2%	5/11.9%	1/2.4%	10/23.8%
运城	90	19/21.1%	16/17.8%	7/7.8%	4/4.4%	17/18.9%
合计	452	129/28.5%	116/21.4%	50/11.1%	29/6.4%	152/33.6%

从上表可以看到卖门票的国保单位为 129 个，占到总数的 28.5%，再加上有管理但免票开放和领取免费门票进入的单位 21 个，总计 150 个，这些可以视为已经是旅游景点的国保单位，占国保单位总数的 38.2%。需要说明的是这些免费景点主要包括革命遗址（如灵丘平型关、五台白求恩模范病室、左权八路军前方总部旧址、武乡八路军总司令部旧址等），古村落（如临县碛口、沁水湘峪、阳城砥洎城、山阴旧广武等），用作博物馆的国保单位（如芮城城隍庙、黎城城隍庙）等。

配备讲解员的国保单位有 116 个，占总数的 21.4%。讲解服务往往与门票管理连在一起，这 116 个点几乎全都有门票管理，或者说 150 个有门票管理的文保单位 77% 有讲解员。

有停车场所的国保单位 152 个，占总数的 33.6%，是所有指标里比值最高的一项，这一指标与门票管理联系较为紧密，不仅数量基本与有门票管理的国保单位持平，而且 80% 以上都是与有门票管理的国保单位配套。

有旅游纪念品销售的国保单位 50 个，占总数的 11.1%，换个角度看，这意味着将近九成的国保单位没有旅游购物服务。

有餐饮服务的国保单位为 29 个，仅占总数的 6.4%。是指标里比值最低的一项，也是旅游服务要素中最欠缺的，尤其是位于乡村的国保单位这一服务要素基本空白。

就国保单位转化为旅游景点的而言（主要依据有无门票管理），从地域和类型上来看呈现以下几个显著特点：

一是转化比例南低北高，由南而北递增。

全省平均转化率为 33.45（150/452）。运城为 22.2%（20/90），晋城为 30.7%（20/65），临汾为 21.45（9/43），长治为 27.2%（18/66），南部四市总的比例是 25%（67/264），低于平均值 8.45%；太原为 36.3%（12/33），晋中为 38.4%（25/65），阳泉为 50%（4/8），吕梁为 38.46%（10/26），中部四市总的比例是 38.6%（51/132），

高于平均值 5.15%；大同为 51.8%（14/27），朔州为 100%（5/5），忻州为 58.3%（14/24），北部三市的总比例是 59%（33/56），高于平均值 25.55%，转化率是南部的 2.36 倍。但是，如果从转化为旅游点的绝对数量上看仍然是南多北少，由南而北递减，南部为 67 处，中部为 51 处，北部为 33 处，北部还不到南部的半数。

二是位于中心城市及县城的国保单位远比乡村的旅游景点转化率高。

中心城市以大同、长治为例，大同城区的华严寺、善化寺、九龙壁、关帝庙、平城遗址五处国保有四处是旅游景点，长治城区的潞安府衙、城隍庙、观音堂三处国保都是旅游景点；县城以平遥、新绛为例，平遥城里的古城墙、日升昌、雷履泰故居、城隍庙、文庙、清虚观、市楼等国保单位几乎全部是旅游景点，新绛县城里的龙兴寺、文庙、绛州大堂三处国保也都是旅游景点。而分布在乡村的国保单位旅游景点转化率就非常低了，总体上看不超过 20%，这也正是运城、晋城、长治、临汾四个市 264 个国保单位只有 67 个转化为旅游景点的原因所在，因为南部地区绝大部分国保单位分布在乡村。

三是不同类型的国保单位旅游景点转化率差异非常大。

以上面用过的转化衡量标准来看，转化率超过 4 成的有三类。转化率最高的是革命遗址及革命纪念建筑物类，达到 100%，也就是说 10 处革命遗址都变成了红色旅游点；其次是石窟寺和石刻类，高达 80%，10 处石窟石刻有 8 处完成转化；再次是近现代重要史迹及代表性建筑类，转化率为 44.4%，9 处遗迹有 4 处实现了转化。

转化率低于 1/3 的有三类。最低的是古文化遗址类，仅为 8.1%，37 处古遗址中仅有曲村—天马遗址、蒲津渡及蒲州古城遗址、丁村遗址 3 处成为旅游景点，而且丁村遗址还是和丁村古村落捆绑在一起成为景点的；其次是古墓葬类，转化率为 16.7%，18 处当中只有夏县司马光墓、稷山马村砖雕墓、山阴广武汉墓 3 处实现了转化；再次是古建筑类，转化率为 33%，古建筑当中商家大院、重要寺庙、城防设施、古村落以及在风景名胜区当中的国保单位等转化率较高，而小规模古庙宇、古戏台、古民居转化率极低。具体数据参见表2.3。

表 2.3　不同类型的国保单位旅游景点转化率统计

文保单位类别	文保单位数量	有门票管理的/占比	有讲解服务的/占比	售纪念品销的/占比	有餐饮服务的/占比	有停车场的/占比
革命遗址	10	10/100%	10	4	3	9
近现代史迹	9	4/44.4%	4	0	0	3
古墓葬	18	3/16.7%	3	0	1	4
古文化遗址	37	3/8.1%	3	2	0	4
石窟及石刻	10	8/80%	6	4	2	8
古建筑	368	122/33%	90	40	23	124
合计	452	150/33.2%	116/25.7%	50/11%	29/6.4%	152/33.6%

三、以国保单位为依托的文物旅游景点在山西旅游格局中的地位

上述 150 个国保级文物旅游景点在山西旅游格局中占有极为重要的地位。关于山西省现在究竟有多少个旅游景区景点，由于判定景区景点的操作性标准不是很明确，所以官方与民间没有统一的说法。按照"去哪儿网"上的数据，山西共有旅游景点 463 个，其中风景名胜类 122 个，文化宗教类 117 个，名胜古迹类 63 个，休闲娱乐类 53 个，游乐园类 33 个，主题体验类 28 个，温泉类 16 个，地质公园类 16， 滑雪类 15 个。[1]数据汇总及构成参见表3.1。

---

[1] 据 Qunar.com 2014.12.1 数据汇总.

表 3.1 山西旅游景点及分类汇总（依据 Qunar.com）

类型	风景名胜	文化宗教	名胜古迹	休闲娱乐	游乐园	主题体验	温泉	地质公园	滑雪类	合计
数量	122	117	63	53	33	28	16	16	15	463
比重	26.3%	25.3%	13.6%	11.4%	7.1%	6.0%	3.5%	3.5%	3.2%	100%

按照山西省旅游局统计的数字为 533 个景区，其中自然景观类 105 个，历史文化类 184 个，休闲度假类 30 个，主题游乐类 29 个，博物馆类 36 个，乡村旅游类 78 个，工业旅游类 22 个，红色旅游类 42 个，科技教育类 2 个，其他类 5 个。[1]数据汇总及构成参见表 3.2。

表 3.2 山西旅游景点及分类汇总（依据山西省旅游局）

类型	自然景观	历史文化	休闲度假	主题游乐	博物馆	乡村旅游	工业旅游	红色旅游	科技教育	其他	合计
数量	105	184	30	29	36	78	22	42	2	5	533
比重	19.7%	34.5%	5.6%	5.4%	6.8%	14.6%	4.1%	7.9%	0.4%	0.9%	100%

两相比较，不仅在分类上有很大差异，而且数量上出入较大，前者比后者少了 70 个。由于后者是官方主管部门数据，而且又有名录，所以就以 533 个景区景点来分析。由于分类的差异，本文所讲的国保类景点主要归属于历史文化类，同时在红色旅游类、博物馆类、乡村旅游类、工业旅游类等当中都有分布，可能也有个别国保类景点没有包含其中，但其影响可以忽略不计。

从景点总数来看，150 个国保类景点占总数的 28.14%，但从 4A、5A 品牌景点来看，国保类景点的比例就大多了，而且分量异常之重。截至 2014 年底山西共有 4A、5A 级景区 77 处，其中国保类（包括景区中含有国保单位）31 处，占

---

[1] 据山西省旅游局财务规划处提供的统计表（2012 年 2 月）汇总.

比达到40%。五台山、云冈、皇城相府、绵山、乔家大院五个5A级景区，毫无例外都是（或包含）国保单位，这五大景区可以说是山西旅游的龙头，在山西旅游发展中具有不可替代的引领带动作用；72处4A级景区，国保类景区有26处，占总数的36%，包括晋祠、平遥日升昌票号、平遥双林寺、平遥文庙、平遥镇国寺、灵石王家大院、北岳恒山、解州关帝庙、芮城永乐宫、应县木塔、盂县藏山、盐湖区舜帝陵、河边民俗馆、武乡八路军纪念馆、沁水柳氏民居、代县雁门关、万荣李家大院、汾阳汾酒文化景区、麻田八路军总部纪念馆、交城卦山、交城玄中寺、黎城黄崖洞、隰县小西天、大同华严寺、朔州崇福寺、蒲县东岳庙等，这些景区同样是构成山西旅游框架网络的主要旅游点，支撑着山西旅游的基本面。

2012年底，在山西省旅游局组织下，通过全球公众网络投票选出了山西十大景区，依次为五台山、平遥古城、云冈石窟、晋祠、洪洞大槐树、壶口瀑布、雁门关、李家大院、绵山、皇城相府，除了排在第5、第6位洪洞大槐树（省保单位）和壶口瀑布外，其余八个都是国保类景区。

黄金周期间旅游接待重点监测的34个景区中，国保类为21个，占总数的61.75%；从接待人次上来看，2014年十一黄金周34个重点景区共接待游客594.06万人次，位列前六位的都是国保类景区，依次为平遥古城、绵山、皇城相府、榆次老城、王家大院、乔家大院，6大景区的接待量为283.89万，占34个景区总量的47.8%，而21个国保类景区的接待量是427.59万，占接待总量的71.98%。[1]

2014年省旅游局统计的40个重点景区全年接待游客总量为4205.224万，其中20个国保文物单位景区（或含有国保）的接待量为3042.76万，占总量的72.35%。[2]

以上数据显示，国保类景点的数量在山西省所有景点中所占的比重为1/4强，但是在以4A、5A景区为代表的高等级品牌景区中，国保类占到4成，其中最高等

---

[1] 根据山西省旅游局规划财务处提供的统计数据.
[2] 根据山西省旅游局规划财务处提供的统计数据.

级的 5A 级景区全都是国保类，曾经评出的山西十大景区中的 8 个是国保类；黄金周监测的重点景区中国保类占到 6 成以上，接待量占到 7 成还多，全年统计的 40 个重点景区中国保类占一半，而接待量更占到 72% 以上。这些数据充分说明了全国重点文物保护单位在山西旅游中举足轻重的地位，山西是名副其实的文物旅游大省。

四、文保单位旅游利用的条件分析

同为国家级文保单位旅游利用率为何存在如此大差异呢？回答这一问题要从国保单位利用的条件分析入手。

首先要分析国保单位本身的旅游利用价值。文物资源可以转化为旅游资源，但不能与旅游资源画等号，只有具有旅游吸引力的文物资源才能算作旅游资源，所以。国保单位能否转化成旅游景点关键在于本身有没有旅游吸引力，以及对游客吸引力的强弱。

那么，旅游吸引力主要体现在哪些方面呢？

第一是观赏性，这是判断文保单位有无旅游吸引力的关键因素。只有具备科学、艺术等方面的审美价值，文物的造型、色彩、结构等能令人赏心悦目，饱人眼福，才能吸引游客。凡是利用为旅游景点的国保单位毫无例外都具有不同程度的观赏性。

第二是稀缺性，这是在具备审美价值基础上吸引力大小的重要因素。只有特色鲜明而且极为罕见的文物资源，其吸引力才会强大，如果司空见惯比比皆是，即使具有审美价值，旅游吸引力也不会太大，这是众多的乡村寺庙难以成为有影响旅游景点的主要原因。

第三是知名度，这是关系到文物资源吸引大小的又一重要因素。在旅游领域，没有知名度约等于不存在，只有广为人知、受人关注的文物资源才具有强大吸引力，当然，根本上说知名度与文物资源本身的历史文化价值、审美价值、稀缺性等联系在一起，但是，知名度的提高还与传播介绍密不可分。

明确了这三点，我们就可以解释为什么遗址类、墓葬类国保单位的旅游转化率最低（前者 8.1%，后者 16.7%），因为它们大都不具备观赏性和旅游吸引力。成为旅游热点的文保单位，比如云冈石窟、五台山、平遥古城等，也正是因为它们具有较强的观赏性、独特性、稀缺性和较高的历史文化价值和知名度，才被世人所向往，换句话说就是旅游吸引力非常强大。

其次要分析国保单位旅游利用的客观条件。国保单位的旅游利用除了本身的旅游吸引力之外，还依赖于一系列外在的客观条件，其中最主要的因素有以下几方面。

第一是国保单位所处的区位及交通状况。区位是说地理位置，从旅游市场的角度看，区位越接近客源市场越便于利用，越远离客源市场越不好利用。一般来说，位于人口聚集较多的城市包括县城的国保单位就很可能变为旅游景点，而地处边远乡下的国保单位变为景点的难度就会加大。如果这些地点交通又不便利，甚至山高路险难于到达，其成为旅游景点的机会就会更少。这也是那些位于城里的国保单位旅游利用率较高，而大量分布在乡下的国保单位利用率较低的一大主要原因。

第二是资源的组合情况。文保单位的旅游利用除了自身的吸引力外，还与其他旅游资源的组合有关。一般来说，相当范围内没有其他旅游吸引物的孤立国保单位，其旅游利用的可能性会降低。比如，应县木塔、芮城永乐宫都是稀世珍宝级文物，但由于区位不是很好，又较为孤立，二者的旅游利用度都不是太高，假如木塔位于大同市内、永乐宫位于运城市内，游客自然会大大增加。而哪些吸引力原本就不大又比较孤立的文物点就更难成为旅游景点。相反，如果国保单位和其他旅游资源较好地组合在一起，或者附近有其他旅游景点，特别是旅游热点，其旅游利用的可能性就会大大提升。比如，绵山的云峰寺、藏山的藏山寺、灵空山的圣寿寺等，由于位于风景区内，与优质自然旅游资源和其他人文旅游资源形成很好的组合，所以其旅游利用率就很高。再比如，位于平遥城内的日升昌票号遗址、雷履泰故居、城隍庙、文庙，城外的双林寺、镇国寺等国保单位，以及五台山的国保寺庙，其旅游利用率较高就得益于平遥城和五台山这两个旅游热点；大同城内善化寺、华严寺、关帝庙等国保单位的旅游利用较高也得益于附近的世界遗产云冈石窟这一旅游热点。这就是一加一大于二的组合效应。

第三是配套开发情况。国保单位要成为旅游景点一般需要配套开发建设，如果没有必要的配套设施，也很难成为旅游景点，即使吸引力较强的资源，如果配套建设不到位，没有停车场、没有起码的购物与饮食服务、没有导游讲解，其接待能力也会受到很大制约。凡是成为旅游热点的国保单位，都是不仅文物资源有较强吸引力，而且配套设施建设比较到位，在文保核心区之外拓展了景区范围，旅游服务比较全面，接待条件比较好，上文提到的所有 5A 级、4A 级文物景区无一不是如此；而哪些没有成为旅游景点的国保单位，尤其是地处乡村的文物点，有的并不是因为本身没有吸引力，而是因为没有进行必要的配套开发建设，欠缺起码的旅游设施和服务，无法接待旅游者，旅游利用也就无从谈起。

以上两方面的条件决定着国保单位的旅游利用，只有那些既具有旅游吸引力，又进行了必要的配套开发建设的国保单位，才能成为旅游景点；只有那些旅游吸引力强、配套开发建设和服务比较到位的国保单位，才可能成为旅游热点。

五、进一步提升文保单位旅游利用的建议

山西众多的国保单位尽管在旅游中发挥了重要作用，但其旅游价值仍然没有得到充分的挖掘和利用。一方面，尚未成为旅游景点的国保单位，其中一些具备旅游转化的可能；另一方面，已经成为旅游景点的国保单位，其中大都还有进一步强化旅游利用的潜力。为此，特提出提升国保单位旅游利用的以下建议。

第一，做好国保单位的维修、保护工作。保护是利用的前提，只有保护到位才谈得上旅游利用。应该说，涉及长治、晋城、运城、临汾四市的 105 处国保单位的元代及元代以前古建筑保护的"山西南部早期建筑保护工程"国家项目 2008 年启动以来，截至 2014 年 12 月，国家先后投入了 5.83 亿元，已有 73 处完工，正在施工的 32 处，预计 2015 年底全部工程基本完工。南部工程的顺利完成，相当于维修了全国近一半的元代之前早期木构建筑，极大改善了我省国保单位保护状况。但是，452 处国保单位仍有不少存在破损、亟待修缮、甚至抢救，这其中包括已经是旅游景点的国保单位。所以，进一步提升旅游利用的基本工作仍然是加强文物的修缮与保护力度。

第二，要对拟开发成景点的国保单位的旅游价值进行科学评估。可以肯定地说，并不是每一处国保单位都具有旅游价值，不能把文物资源与旅游资源画等号，不要异想天开把所有国保单位都开发成旅游点。这就要求对国保单位的旅游价值进行评估。评估从两方面着手：首先评估自身的旅游价值。从观赏性、稀缺性、知名度、历史文化价值各方面看一看有没有旅游吸引力，有的话还要看吸引力大小；其次评估旅游利用的客观条件，主要从国保单位所处区位、交通条件、资源组合、环境条件来评估。如果不具备第一条就不能开发，具备第一条但第二方面的条件极为不好，也不宜开发，只有两方面条件都具备，开发才可能成功。

第三，要挖掘现有文物景点的利用潜力。针对文物旅游点的具体情况，从弥补缺项与弱项入手，通过挖掘其历史文化内涵，完善配套与服务设施，增加服务项目，提升旅游服务，扩大景区范围，创意新的旅游产品，改善旅游环境，加强旅游宣传，建设旅游品牌等不同手段，改善景区的接待条件，提高景区的接待能力，扩大景区的知名度，以吸引更多的游客。在这方面，雁门关、云冈石窟、乔家大院等都是成功的范例。

第四，要加强部门协调，合力强化旅游利用。国保单位的主管部门是文物系统，文保单位的首要职责是保护文物，尽管也提倡文物利用，但旅游利用毕竟不是非做不可的事情。如果有条件，文保单位不会拒绝旅游利用，但如果条件不很成熟，文保单位未必有积极性去创造条件加以利用，因为配套服务设施建设需要资金投入，开辟为旅游景点需要增加服务与管理人员，如果开发建设后游客比较少，还会面临入不敷出的困难局面。针对这样的现实问题，要探讨国保单位旅游利用的机制创新。在文保部门监管文物安全的前提下，有必要引入社会投资和经营机制，用社会力量建设配套与服务设施，开拓新的相关旅游内容，进行市场化经营；还要加强文保单位与所在地之间的协作，由当地居民或企业提供餐饮、购物、停车等必要的旅游配套服务，实现功能与利益的互补双赢；地处乡村的国保单位尽量和当地的乡村旅游、农业旅游发展相结合，使文物点成为乡村旅游的组成部分，既增加了乡村旅游的内容，也发挥了国保单位的旅游功能，二者互相补充，互动互利，相得益彰。

总之，国保单位的旅游利用是一篇大文章，在这方面潜力还很大，问题也不少，需要去认真调研，深入思考，需要多方面重视，采取切实可行的措施，进一步加大文物资源的旅游利用力度，让文物在山西旅游发展中发挥更大作用。

附录：山西省国保单位名录（截至 2013 年 5 月共 452 处）

总序号	分序号	公布批次	所在市	所在县	类别	文物名称	年代
1	1	7	太原市	古交市	古遗址	古交遗址	旧石器时代
2	2	7	太原市	娄烦县	古遗址	娄烦古城遗址	东周
3	3	5	太原市	晋源区	古遗址	晋阳古城遗址	春秋至五代
4	4	7	晋中市	祁县	古遗址	梁村遗址	新石器时代
5	5	6	晋中市	介休市	古遗址	洪山窑址	宋
6	6	4	晋中市	灵石县	古遗址	旌介遗址	商
7	7	6	吕梁市	方山县	古遗址	南村城址	战国至汉
8	8	3	大同市	城区	古遗址	平城遗址	北魏
9	9	4	大同市	阳高县	古遗址	许家窑遗址	旧石器
10	10	5	大同市	灵丘县	古遗址	曲回寺石像冢	唐
11	11	1	临汾市	襄汾县	古遗址	丁村遗址	旧石器
12	12	3	临汾市	襄汾县	古遗址	陶寺遗址	新石器
13	13	4	临汾市	曲沃县、翼城县	古遗址	曲村-天马遗址	周
14	14	1	临汾市	侯马市	古遗址	侯马晋国遗址	东周
15	15	5	临汾市	吉县	古遗址	柿子滩遗址	旧石器时代
16	16	6	临汾市	霍州市	古遗址	霍州窑址	宋
17	17	6	晋城市	陵川县	古遗址	塔水河遗址	旧石器世道
18	18	7	运城市	芮城县	古遗址	坡头遗址	新石器时代
19	19	7	运城市	芮城县	古遗址	匼河遗址	旧石器时代
20	20	7	运城市	芮城县	古遗址	金胜庄遗址	新石器时代
21	21	3	运城市	芮城县	古遗址	西侯度遗址	旧石器时代
22	22	7	运城市	芮城县	古遗址	东庄遗址	新石器时代
23	23	7	运城市	芮城县	古遗址	古魏城遗址	周
24	24	7	运城市	芮城县	古遗址	西王村遗址	新石器时代
25	25	7	运城市	绛县	古遗址	周家庄遗址	新石器时代
26	26	7	运城市	平陆县	古遗址	下阳城遗址	周
27	27	7	运城市	平陆县	古遗址	虞国古城遗址	周
28	28	7	运城市	平陆县	古遗址	虞坂古盐道	西周、明
29	29	6	运城市	平陆县	古遗址	黄河栈道遗址	唐至清
30	30	7	运城市	临猗县	古遗址	程村遗址	东周

31	31	7	运城市	临猗县	古遗址	猗氏故城	西汉
32	32	7	运城市	稷山县	古遗址	玉壁城遗址	北朝
33	33	3	运城市	夏县	古遗址	禹王城遗址	东周至汉
34	34	4	运城市	夏县	古遗址	西阴村遗址	新石器时代
35	35	5	运城市	夏县	古遗址	东下冯遗址	新石器至商
36	36	6	运城市	闻喜县	古遗址	上郭城址和邱家庄墓群	春秋战国
37	37	5	运城市	永济市	古遗址	蒲津渡与蒲州故城遗址	唐至明
38	1	7	运城市	新绛县	古墓葬	冯古庄墓地	西周
39	2	5	运城市	稷山县	古墓葬	马村砖雕墓	宋、金
40	3	7	运城市	河津市	古墓葬	山王墓地	西周
41	4	7	运城市	绛县	古墓葬	横北倗国墓地	西周
42	5	7	运城市	夏县	古墓葬	薛嵩墓	唐
43	6	3	运城市	夏县	古墓葬	司马光墓	北宋
44	7	6	运城市	夏县	古墓葬	崔家河墓群	东周
45	8	5	大同市	新荣区	古墓葬	方山永固陵遗址	北魏
46	9	6	大同市	天镇县	古墓葬	沙梁坡汉墓群	汉
47	10	6	大同市	阳高县	古墓葬	古城堡墓群	汉
48	11	6	大同市	浑源县	古墓葬	栗毓美墓	清
49	12	7	长治市	黎城县	古墓葬	西周黎侯墓群	西周至春秋
50	13	7	临汾市	曲沃县	古墓葬	羊舌墓地	西周至春秋
51	14	6	晋中市	榆次区	古墓葬	什贴墓群	南北朝
52	15	6	太原市	迎泽区	古墓葬	王家峰墓群	南北朝
53	16	7	吕梁市	汾阳市	古墓葬	东龙观墓群	宋、金、元
54	17	5	吕梁市	离石区	古墓葬	马茂庄汉墓群	东汉
55	18	3	朔州市	山阴县	古墓葬	广武汉墓群	汉
56	1	7	长治市	长子县	古建筑	小张碧云寺大殿	宋
57	2	4	长治市	长子县	古建筑	崇庆寺	宋
58	3	7	长治市	长子县	古建筑	布村玉皇庙	宋至清
59	4	7	长治市	长子县	古建筑	前万户汤王庙	元
60	5	7	长治市	长子县	古建筑	下霍护国灵贶王庙	金、清
61	6	7	长治市	长子县	古建筑	韩坊尧王庙大殿	金
62	7	7	长治市	长子县	古建筑	长子崔府君庙大殿	金
63	8	3	长治市	长子县	古建筑	法兴寺	唐、宋

64	9	7	长治市	长子县	古建筑	义合三教堂	金至民国
65	10	7	长治市	长子县	古建筑	大中汉三嵕庙	元、清
66	11	7	长治市	长子县	古建筑	中漳伏羲庙	元、明
67	12	6	长治市	长子县	古建筑	天王寺	金
68	13	7	长治市	襄垣县	古建筑	襄垣五龙庙	元至清
69	14	6	长治市	襄垣县	古建筑	灵泽王庙	金明清
70	15	6	长治市	襄垣县	古建筑	昭泽王庙	金
71	16	6	长治市	襄垣县	古建筑	襄垣文庙	元至清
72	17	7	长治市	襄垣县	古建筑	襄垣永惠桥	金
73	18	7	长治市	襄垣县	古建筑	襄垣昭泽王庙	元、明
74	19	7	长治市	潞城市	古建筑	李庄武庙	元、清
75	20	7	长治市	潞城市	古建筑	李庄文庙	金至民国
76	21	5	长治市	潞城市	古建筑	原起寺	宋
77	22	6	长治市	潞城市	古建筑	东邑龙王庙	金至清
78	23	7	长治市	壶关县	古建筑	庄头天仙庙	元
79	24	5	长治市	壶关县	古建筑	三嵕庙	金至清
80	25	6	长治市	壶关县	古建筑	真泽二仙宫	元至清
81	26	7	长治市	黎城县	古建筑	辛村天齐王庙	元、明至清
82	27	7	长治市	黎城县	古建筑	长宁大庙	元至清
83	28	7	长治市	郊区	古建筑	关村炎帝庙	元、清至民国
84	29	7	长治市	郊区	古建筑	马厂崇教寺	元至清
85	30	7	长治市	沁县	古建筑	南涅水洪教院	元至清
86	31	5	长治市	沁县	古建筑	沁县大云院	宋至清
87	32	6	长治市	沁县	古建筑	普照寺大殿	金
88	33	7	长治市	长治县	古建筑	北和炎帝庙	元、清
89	34	5	长治市	长治县	古建筑	正觉寺	金至明
90	35	6	长治市	长治县	古建筑	长治玉皇观	元至清
91	36	6	长治市	城区	古建筑	潞安府衙	明
92	37	7	长治市	平顺县	古建筑	西青北大禹庙	明至清
93	38	7	长治市	平顺县	古建筑	北社三嵕庙	元、清
94	39	7	长治市	平顺县	古建筑	北社大禹庙	元、清
95	40	7	长治市	平顺县	古建筑	北甘泉圣母庙	元、清
96	41	3	长治市	平顺县	古建筑	天台庵	唐
97	42	3	长治市	平顺县	古建筑	大云院	五代至清

98	43	4	长治市	平顺县	古建筑	龙门寺	五代至清
99	44	5	长治市	平顺县	古建筑	明惠大师塔	五代
100	45	5	长治市	平顺县	古建筑	九天圣母庙	北宋至清
101	46	5	长治市	平顺县	古建筑	淳化寺	金
102	47	6	长治市	平顺县	古建筑	佛头寺	宋
103	48	6	长治市	平顺县	古建筑	回龙寺	金
104	49	6	长治市	平顺县	古建筑	夏禹神祠	元至清
105	50	7	长治市	武乡县	古建筑	武乡真如寺	元至清
106	51	5	长治市	武乡县	古建筑	武乡大云寺	宋
107	52	5	长治市	武乡县	古建筑	会仙观	金至清
108	53	5	长治市	武乡县	古建筑	洪济院	金至清
109	54	7	长治市	屯留县	古建筑	先师和尚舍利塔	唐
110	55	7	长治市	屯留县	古建筑	石室蓬莱宫	明至清
111	56	6	长治市	屯留县	古建筑	宝峰寺	元明
112	57	7	长治市	沁源县	古建筑	灵空山圣寿寺	明至清
113	58	7	长治市	黎城县	古建筑	黎城城隍庙	明至清
114	59	5	长治市	城区	古建筑	潞安府城隍庙	元至清
115	60	5	长治市	郊区	古建筑	观音堂	明
116	61	1	朔州市	应县	古建筑	应县木塔	辽
117	62	6	朔州市	应县	古建筑	净土寺	金
118	63	6	朔州市	山阴县	古建筑	广武城	明
119	64	3	朔州市	朔城区	古建筑	崇福寺	金
120	65	7	运城市	芮城县	古建筑	巷口寿圣寺砖塔	宋
121	66	1	运城市	芮城县	古建筑	永乐宫	元
122	67	5	运城市	芮城县	古建筑	芮城城隍庙	北宋至清
123	68	5	运城市	芮城县	古建筑	清凉寺	元
124	69	5	运城市	芮城县	古建筑	广仁王庙	唐
125	70	7	运城市	临猗县	古建筑	闾原头永兴寺塔	宋
126	71	7	运城市	临猗县	古建筑	张村圣庵寺塔	宋
127	72	5	运城市	临猗县	古建筑	临晋县衙	元至近代
128	73	6	运城市	临猗县	古建筑	妙道寺双塔	宋
129	74	7	运城市	河津市	古建筑	河津台头庙	元至清
130	75	7	运城市	河津市	古建筑	玄帝庙	明至清
131	76	6	运城市	河津市	古建筑	古垛后土庙	元

132	77	7	运城市	绛县	古建筑	长春观	元至清
133	78	7	运城市	绛县	古建筑	绛县文庙	明至清
134	79	7	运城市	绛县	古建筑	南樊石牌坊及碑亭	清
135	80	7	运城市	绛县	古建筑	乔寺碑楼	清
136	81	7	运城市	绛县	古建筑	南柳泰山庙	元至清
137	82	5	运城市	绛县	古建筑	太阴寺	金
138	83	6	运城市	绛县	古建筑	董封戏台	明
139	84	6	运城市	绛县	古建筑	景云宫玉皇殿	元
140	85	7	运城市	夏县	古建筑	夏县文庙大成殿	明
141	86	7	运城市	夏县	古建筑	上冯圣母庙	元、明至清
142	87	6	运城市	夏县	古建筑	大洋泰山庙	元
143	88	7	运城市	新绛县	古建筑	绛州文庙	明至清
144	89	7	运城市	新绛县	古建筑	北池稷王庙	明至清
145	90	6	运城市	新绛县	古建筑	白台寺	金至清
146	91	7	运城市	新绛县	古建筑	泉掌关帝庙	明
147	92	4	运城市	新绛县	古建筑	绛州大堂（含三楼）	元
		5	运城市	新绛县	古建筑	绛州三楼	清
148	93	5	运城市	新绛县	古建筑	福胜寺	元、明
149	94	6	运城市	新绛县	古建筑	乔沟头玉皇庙	元至清
150	95	5	运城市	新绛县	古建筑	稷益庙	明
151	96	6	运城市	新绛县	古建筑	龙香关帝庙	元至民国
152	97	6	运城市	新绛县	古建筑	新绛龙兴寺	元至清
153	98	6	运城市	新绛县	古建筑	三官庙	元
154	99	7	运城市	稷山县	古建筑	南阳法王庙	元、明至清
155	100	6	运城市	稷山县	古建筑	稷山稷王庙	元至清
156	101	7	运城市	稷山县	古建筑	北阳城砖塔	宋
157	102	5	运城市	稷山县	古建筑	青龙寺	元
158	103	7	运城市	闻喜县	古建筑	郭家庄仇氏石牌坊及碑亭	清
159	104	6	运城市	闻喜县	古建筑	后稷庙	元至明
160	105	7	运城市	万荣县	古建筑	万荣稷王山塔	宋
161	106	7	运城市	万荣县	古建筑	薛瑄家庙及墓地	明至清
162	107	7	运城市	万荣县	古建筑	中里庄八龙寺塔	宋
163	108	7	运城市	万荣县	古建筑	万荣旱泉塔	宋
164	109	3	运城市	万荣县	古建筑	万荣东岳庙	元至清

165	110	7	运城市	万荣县	古建筑	闫景李家大院	清至民国
166	111	7	运城市	万荣县	古建筑	南阳村寿圣寺塔	宋
167	112	5	运城市	万荣县	古建筑	万荣稷王庙	金
168	113	4	运城市	万荣县	古建筑	万荣后土庙	清
169	114	6	运城市	万荣县	古建筑	万泉文庙	明
170	115	7	运城市	盐湖区	古建筑	运城太平兴国寺塔	宋
171	116	7	运城市	盐湖区	古建筑	运城关王庙	明至清
172	117	7	运城市	盐湖区	古建筑	池神庙及盐池禁墙	明至清
173	118	5	运城市	盐湖区	古建筑	泛舟禅师塔	唐
174	119	3	运城市	盐湖区	古建筑	解州关帝庙	清
175	120	6	运城市	盐湖区	古建筑	舜帝陵庙	元至清
176	121	6	运城市	盐湖区	古建筑	寨里关帝庙献殿	元
177	122	6	运城市	盐湖区	古建筑	郭村泰山庙大殿	元
178	123	6	运城市	盐湖区	古建筑	常平关帝庙	清
179	124	7	运城市	垣曲县	古建筑	宋村永兴寺	金、清
180	125	6	运城市	垣曲县	古建筑	二郎庙北殿	元
181	126	6	运城市	垣曲县	古建筑	埝堆玉皇庙	元
182	127	7	晋城市	高平市	古建筑	三王村三嵕庙	金、清
183	128	7	晋城市	高平市	古建筑	高平嘉祥寺	金至清
184	129	7	晋城市	高平市	古建筑	大周村古寺庙建筑群	宋至清
185	130	7	晋城市	高平市	古建筑	董峰万寿宫	元至清
186	131	7	晋城市	高平市	古建筑	仙翁庙	明至清
187	132	7	晋城市	高平市	古建筑	建南济渎庙	元至清
188	133	7	晋城市	高平市	古建筑	石末宣圣庙	元、清
189	134	7	晋城市	高平市	古建筑	良户玉虚观	元至清
190	135	7	晋城市	高平市	古建筑	南庄玉皇庙	元至清
191	136	4	晋城市	高平市	古建筑	姬氏民居	元
192	137	5	晋城市	高平市	古建筑	崇明寺	北宋至明
193	138	5	晋城市	高平市	古建筑	开化寺	北宋至清
194	139	5	晋城市	高平市	古建筑	游仙寺	北宋至清
195	140	5	晋城市	高平市	古建筑	定林寺	元至清
196	141	6	晋城市	高平市	古建筑	西李门二仙庙	金至清
197	142	6	晋城市	高平市	古建筑	中坪二仙宫	金至清
198	143	6	晋城市	高平市	古建筑	二郎庙	金至清

199	144	6	晋城市	高平市	古建筑	清梦观	元至清
200	145	6	晋城市	高平市	古建筑	古中庙	元至清
201	146	7	晋城市	泽州县	古建筑	水东崔府君庙	元至清
202	147	7	晋城市	泽州县	古建筑	坪上汤帝庙	明至清
203	148	7	晋城市	泽州县	古建筑	府城关帝庙	清
204	149	7	晋城市	泽州县	古建筑	薛庄玉皇庙	元至清
205	150	7	晋城市	泽州县	古建筑	高都景德寺	宋至清
206	151	7	晋城市	泽州县	古建筑	史村东岳庙	元至清
207	152	7	晋城市	泽州县	古建筑	西顿济渎庙	金至清
208	153	7	晋城市	泽州县	古建筑	河底成汤庙	宋至清
209	154	7	晋城市	泽州县	古建筑	尹西东岳庙	金至清
210	155	7	晋城市	泽州县	古建筑	坛岭头岱庙	金、清
211	156	7	晋城市	泽州县	古建筑	川底佛堂	元至清
212	157	3	晋城市	泽州县	古建筑	青莲寺	唐至清
213	158	3	晋城市	泽州县	古建筑	玉皇庙	宋至清
214	159	4	晋城市	泽州县	古建筑	晋城二仙庙	宋
215	160	5	晋城市	泽州县	古建筑	泽州岱庙	宋至明
216	161	6	晋城市	泽州县	古建筑	北义城玉皇庙	宋至清
217	162	6	晋城市	泽州县	古建筑	周村东岳庙	宋至清
218	163	6	晋城市	泽州县	古建筑	大阳汤帝庙	元至清
219	164	7	晋城市	陵川县	古建筑	南召文庙	元至清
220	165	7	晋城市	陵川县	古建筑	北马玉皇庙	金、清
221	166	4	晋城市	陵川县	古建筑	南北吉祥寺	宋至清
222	167	5	晋城市	陵川县	古建筑	西溪二仙庙	金至清
223	168	5	晋城市	陵川县	古建筑	龙岩寺	金、明
224	169	5	晋城市	陵川县	古建筑	崔府君庙	金至明
225	170	5	晋城市	陵川县	古建筑	小会岭二仙庙	北宋至清
226	171	6	晋城市	陵川县	古建筑	玉泉东岳庙	金至清
227	172	6	晋城市	陵川县	古建筑	石掌玉皇庙	金至清
228	173	6	晋城市	陵川县	古建筑	白玉宫	金至清
229	174	6	晋城市	陵川县	古建筑	南神头二仙庙	金至清
230	175	6	晋城市	陵川县	古建筑	寺润三教堂	金
231	176	6	晋城市	陵川县	古建筑	三圣瑞现塔	金
232	177	6	晋城市	陵川县	古建筑	崇安寺	元至清

233	178	7	晋城市	阳城县	古建筑	陈廷敬故居	明至清
234	179	6	晋城市	阳城县	古建筑	下交汤帝庙	宋至清
235	180	6	晋城市	阳城县	古建筑	开福寺	金至明
236	181	6	晋城市	阳城县	古建筑	润城东岳庙	金至清
237	182	6	晋城市	阳城县	古建筑	海会寺	明至清
238	183	6	晋城市	阳城县	古建筑	郭峪村古建筑群	明至清
239	184	6	晋城市	阳城县	古建筑	砥洎城	明
240	185	6	晋城市	沁水县	古建筑	柳氏民居	明至清
241	186	6	晋城市	沁水县	古建筑	湘峪古堡	明至清
242	187	6	晋城市	沁水县	古建筑	郭壁村古建筑群	明至清
243	188	6	晋城市	沁水县	古建筑	窦庄古建筑群	明至清
244	189	7	临汾市	洪洞县	古建筑	洪洞关帝庙	元、明至清
245	190	7	临汾市	洪洞县	古建筑	洪洞商山庙	明至清
246	191	7	临汾市	洪洞县	古建筑	净石宫	明至民国
247	192	1	临汾市	洪洞县	古建筑	广胜寺	元明
248	193	5	临汾市	洪洞县	古建筑	洪洞玉皇庙	元
249	194	7	临汾市	安泽县	古建筑	麻衣寺砖塔	金
250	195	7	临汾市	安泽县	古建筑	郎寨砖塔	唐
251	196	7	临汾市	襄汾县	古建筑	襄陵文庙大成殿	元
252	197	7	临汾市	襄汾县	古建筑	灵光寺琉璃塔	金
253	198	3	临汾市	襄汾县	古建筑	丁村民宅	明清
254	199	6	临汾市	襄汾县	古建筑	汾城古建筑群	金至清
255	200	6	临汾市	襄汾县	古建筑	普净寺	元至清
256	201	4	临汾市	尧都区	古建筑	牛王庙戏台	元
257	202	6	临汾市	尧都区	古建筑	东羊后土庙	元至清
258	203	6	临汾市	尧都区	古建筑	王曲东岳庙	元至民国
259	204	6	临汾市	尧都区	古建筑	尧陵	明至清
260	205	6	临汾市	尧都区	古建筑	铁佛寺	清
261	206	7	临汾市	曲沃县	古建筑	南林交龙泉寺	元至清
262	207	7	临汾市	曲沃县	古建筑	东许三清庙献殿	元
263	208	5	临汾市	曲沃县	古建筑	大悲院	宋、金
264	209	6	临汾市	汾西县	古建筑	师家沟古建筑群	清
265	210	5	临汾市	蒲县	古建筑	柏山东岳庙	元至清
266	211	4	临汾市	霍州市	古建筑	霍州州署大堂	元

267	212	6	临汾市	霍州市	古建筑	霍州观音庙	元至清
268	213	6	临汾市	霍州市	古建筑	娲皇庙	清
269	214	7	临汾市	永和县	古建筑	永和文庙大成殿	明
270	215	7	临汾市	翼城县	古建筑	石四牌坊和木四牌坊	明至清
271	216	7	临汾市	翼城县	古建筑	樊店关帝庙	明至清
272	217	6	临汾市	翼城县	古建筑	四圣宫	元至清
273	218	6	临汾市	翼城县	古建筑	南撖东岳庙	元至清
274	219	6	临汾市	翼城县	古建筑	乔泽庙戏台	元
275	220	7	临汾市	隰县	古建筑	隰县鼓楼	明
276	221	4	临汾市	隰县	古建筑	千佛庵	明
277	222	6	临汾市	浮山县	古建筑	老君洞	唐至明
278	223	6	临汾市	乡宁县	古建筑	乡宁寿圣寺	金至明
279	224	7	大同市	城区	古建筑	大同关帝庙大殿	元
280	225	5	大同市	城区	古建筑	大同九龙壁	明
281	226	7	大同市	浑源县	古建筑	浑源圆觉寺塔	金
282	227	7	大同市	浑源县	古建筑	律吕神祠	元至清
283	228	7	大同市	浑源县	古建筑	浑源文庙	明至清
284	229	2	大同市	浑源县	古建筑	悬空寺	明
285	230	5	大同市	浑源县	古建筑	荆庄大云寺大雄宝殿	金
286	231	5	大同市	浑源县	古建筑	浑源永安寺	元
287	232	5	大同市	灵丘县	古建筑	觉山寺砖塔	辽
288	233	6	大同市	广灵县	古建筑	水神堂	明至清
289	234	6	大同市	阳高县	古建筑	云林寺	明
290	235	6	大同市	天镇县	古建筑	慈云寺	明
291	236	7	大同市	南郊区	古建筑	大同观音堂	清
292	237	1	大同市	城区	古建筑	善化寺	辽、金
293	238	1	大同市	城区	古建筑	华严寺	辽、金、清
294	239	6	大同市	南郊区	古建筑	禅房寺塔	辽
295	240	7	吕梁市	石楼县	古建筑	后土圣母庙	明至清
296	241	5	吕梁市	石楼县	古建筑	兴东垣东岳庙	金至清
297	242	5	吕梁市	离石区	古建筑	安国寺	明
298	243	6	吕梁市	离石区	古建筑	天贞观	明至清
299	244	7	吕梁市	交城县	古建筑	交城玄中寺	明至清

300	245	6	吕梁市	交城县	古建筑	卦山天宁寺	唐至清
301	246	5	吕梁市	汾阳市	古建筑	太符观	金至清
302	247	6	吕梁市	汾阳市	古建筑	汾阳五岳庙	元至清
303	248	6	吕梁市	汾阳市	古建筑	文峰塔	明至清
304	249	6	吕梁市	汾阳市	古建筑	杏花村汾酒作坊	清
305	250	7	吕梁市	汾阳市	古建筑	柏草坡龙天土地庙	元至民国
306	251	5	吕梁市	柳林县	古建筑	香严寺	金至明
307	252	7	吕梁市	柳林县	古建筑	玉虚宫下院	清
308	253	4	吕梁市	文水县	古建筑	则天庙	金
309	254	7	吕梁市	文水县	古建筑	上贤梵安寺塔	宋、明
310	255	7	吕梁市	孝义市	古建筑	孝义三皇庙	元至民国
311	256	7	吕梁市	孝义市	古建筑	孝义慈胜寺	明至清
312	257	7	吕梁市	孝义市	古建筑	孝义天齐庙	元、清
313	258	6	吕梁市	孝义市	古建筑	中阳楼	清
314	259	6	吕梁市	临县	古建筑	义居寺	元至清
315	260	6	吕梁市	临县	古建筑	碛口古建筑群	明至清
316	261	6	吕梁市	临县	古建筑	善庆寺	元
317	262	7	阳泉市	盂县	古建筑	藏山祠	明至清
318	263	5	阳泉市	盂县	古建筑	大王庙	金至明
319	264	6	阳泉市	盂县	古建筑	府君庙	元至清
320	265	6	阳泉市	盂县	古建筑	坡头泰山庙	元至清
321	266	4	阳泉市	郊区	古建筑	关王庙	宋
322	267	7	阳泉市	平定县	古建筑	冠山书院	清
323	268	7	阳泉市	平定县	古建筑	冠山天宁寺双塔	宋、明至清
324	269	7	忻州市	原平市	古建筑	原平惠济寺	明至清
325	270	5	忻州市	代县	古建筑	阿育王塔	元
326	271	5	忻州市	代县	古建筑	边靖楼	明
327	272	5	忻州市	代县	古建筑	长城雁门关段	明
328	273	6	忻州市	代县	古建筑	代县文庙	明至清
329	274	7	忻州市	繁峙县	古建筑	繁峙正觉寺大雄宝殿	金
330	275	2	忻州市	繁峙县	古建筑	岩山寺	金
331	276	6	忻州市	繁峙县	古建筑	三圣寺	金至清
332	277	6	忻州市	繁峙县	古建筑	公主寺	明至清
333	278	6	忻州市	繁峙县	古建筑	秘密寺	清

334	279	5	忻州市	定襄县	古建筑	洪福寺	金
335	280	6	忻州市	定襄县	古建筑	定襄关王庙	宋
336	281	6	忻州市	忻府区	古建筑	金洞寺	宋至清
337	282	7	忻州市	五台县	古建筑	罗睺寺	明至清
338	283	5	忻州市	五台县	古建筑	广济寺大雄宝殿	元
339	284	1	忻州市	五台县	古建筑	南禅寺大殿	唐
340	285	1	忻州市	五台县	古建筑	佛光寺	唐至清
341	286	6	忻州市	五台县	古建筑	延庆寺	金至清
342	287	6	忻州市	五台山	古建筑	五台山建筑群（显通寺、碧山寺、塔院寺、菩萨顶）	明清
343	288	7	晋中市	灵石县	古建筑	静升文庙	明至清
344	289	5	晋中市	灵石县	古建筑	资寿寺	明
345	290	6	晋中市	灵石县	古建筑	晋祠庙	元至清
346	291	6	晋中市	灵石县	古建筑	灵石后土庙	元
347	292	6	晋中市	灵石县	古建筑	王家大院	明至清
348	293	7	晋中市	介休市	古建筑	云峰寺石佛殿	明至清
349	294	5	晋中市	介休市	古建筑	介休后土庙	明、清
350	295	7	晋中市	介休市	古建筑	介休源神庙	清
351	296	7	晋中市	介休市	古建筑	介休城隍庙	明至清
352	297	4	晋中市	介休市	古建筑	祆神楼	清
353	298	6	晋中市	介休市	古建筑	回銮寺	元至清
354	299	6	晋中市	介休市	古建筑	张壁古堡	宋至清
355	300	6	晋中市	介休市	古建筑	太和岩牌楼	清
356	301	6	晋中市	介休市	古建筑	介休五岳庙	清
357	302	6	晋中市	介休市	古建筑	介休东岳庙	元至清
358	303	6	晋中市	昔阳县	古建筑	昔阳崇教寺	元
359	304	7	晋中市	左权县	古建筑	苇则寿圣寺	元
360	305	7	晋中市	左权县	古建筑	寺坪普照寺大殿	元
361	306	6	晋中市	左权县	古建筑	左权文庙大成殿	元
362	307	7	晋中市	太谷县	古建筑	新村妙觉寺	明至清
363	308	7	晋中市	太谷县	古建筑	范村圆智寺	明至清
364	309	6	晋中市	太谷县	古建筑	安禅寺	宋至明
365	310	6	晋中市	太谷县	古建筑	无边寺	宋至清
366	311	6	晋中市	太谷县	古建筑	真圣寺	金至清

367	312	6	晋中市	太谷县	古建筑	光化寺	元至清
368	313	6	晋中市	太谷县	古建筑	曹家大院	明至清
369	314	6	晋中市	太谷县	古建筑	净信寺	明至清
370	315	6	晋中市	寿阳县	古建筑	普光寺	宋至清
371	316	6	晋中市	寿阳县	古建筑	福田寺	元至明
372	317	6	晋中市	寿阳县	古建筑	孟家沟龙泉寺	明至清
373	318	5	晋中市	祁县	古建筑	乔家大院	清
374	319	6	晋中市	祁县	古建筑	兴梵寺	宋
375	320	6	晋中市	祁县	古建筑	渠家大院	清
376	321	6	晋中市	榆社县	古建筑	福祥寺	金至清
377	322	6	晋中市	榆社县	古建筑	崇圣寺	元至清
378	323	6	晋中市	和顺县	古建筑	懿济圣母庙	元至清
379	324	4	晋中市	榆次区	古建筑	榆次城隍庙	元、清
380	325	7	晋中市	平遥县	古建筑	北依涧永福寺过殿	明至清
381	326	7	晋中市	平遥县	古建筑	梁家滩白云寺	明至民国
382	327	7	晋中市	平遥县	古建筑	平遥惠济桥	清
383	328	7	晋中市	平遥县	古建筑	南政隆福寺	清
384	329	7	晋中市	平遥县	古建筑	干坑南神庙	明至清
385	330	7	晋中市	平遥县	古建筑	襄垣慈胜寺	明至清
386	331	7	晋中市	平遥县	古建筑	雷履泰旧居	清
387	332	7	晋中市	平遥县	古建筑	平遥市楼	清
388	333	3	晋中市	平遥县	古建筑	镇国寺	五代至清
389	334	3	晋中市	平遥县	古建筑	平遥城墙	明
390	335	3	晋中市	平遥县	古建筑	双林寺	明
391	336	5	晋中市	平遥县	古建筑	慈相寺	北宋至清
392	337	5	晋中市	平遥县	古建筑	平遥文庙	金至清
393	338	6	晋中市	平遥县	古建筑	平遥清凉寺	明至清
394	339	6	晋中市	平遥县	古建筑	清虚观	元至清
395	340	6	晋中市	平遥县	古建筑	平遥城隍庙	清
396	341	6	晋中市	平遥县	古建筑	日升昌旧址	清
397	342	6	晋中市	平遥县	古建筑	金庄文庙	元至清
398	343	6	晋中市	平遥县	古建筑	利应侯庙	元
399	344	7	太原市	杏花岭区	古建筑	唱经楼	明至清
400	345	7	太原市	迎泽区	古建筑	太原大关帝庙	明至清

401	346	7	太原市	迎泽区	古建筑	太原清真寺	明至清
402	347	7	太原市	迎泽区	古建筑	太原纯阳宫	明至清
403	348	7	太原市	迎泽区	古建筑	崇善寺大悲殿	明至清
404	349	7	太原市	迎泽区	古建筑	太原文庙	清
405	350	6	太原市	迎泽区	古建筑	永祚寺	明至清
406	351	7	太原市	晋源区	古建筑	晋源阿育王塔	明至清
407	352	7	太原市	晋源区	古建筑	太山龙泉寺	明至清
408	353	7	太原市	晋源区	古建筑	晋源文庙	明至清
409	354	1	太原市	晋源区	古建筑	晋祠	宋
410	355	6	太原市	晋源区	古建筑	明秀寺	明至清
411	356	5	太原市	尖草坪区	古建筑	宝宁寺窦大夫祠	元至清
412	357	6	太原市	尖草坪区	古建筑	净因寺	金至明
413	358	6	太原市	尖草坪区	古建筑	多福寺	明至清
414	359	7	太原市	清徐县	古建筑	清徐尧庙	明至清
415	360	6	太原市	清徐县	古建筑	狐突庙	宋至清
416	361	6	太原市	清徐县	古建筑	清源文庙	金至清
417	362	7	太原市	阳曲县	古建筑	帖木儿塔	元
418	363	7	太原市	阳曲县	古建筑	前斧柯悬泉寺	明至清
419	364	7	太原市	阳曲县	古建筑	阳曲大王庙大殿	明
420	365	7	太原市	阳曲县	古建筑	辛庄开化寺	明至清
421	366	6	太原市	阳曲县	古建筑	不二寺	金
422	367	7	太原市	古交市	古建筑	古交千佛寺	清
423	1	7	阳泉市	平定县	石窟寺及石刻	开河寺石窟	南北朝至隋
424	2	7	晋中市	昔阳县	石窟寺及石刻	石马寺石窟	南北朝至唐
425	3	7	临汾市	隰县	石窟寺及石刻	七里脚千佛洞石窟	南北朝至唐
426	4	7	长治市	沁县	石窟寺及石刻	南涅水石刻	南北朝至宋
427	5	1	大同市	南郊区	石窟寺及石刻	云冈石窟	北魏
428	6	6	晋城市	高平市	石窟寺及石刻	羊头山石窟	北魏至唐
429	7	4	太原市	晋源区	石窟寺及石刻	龙山石窟	元
430	8	5	太原市	晋源区	石窟寺及石刻	天龙山石窟	东魏至唐

431	9	6	长治市	平顺县	石窟寺及石刻	金灯寺石窟	明
432	10	6	晋城市	泽州县	石窟寺及石刻	碧落寺	唐明
433	1	7	晋中市	太谷县	近现代	山西铭贤学校旧址	清至中华民国
434	2	1	长治市	武乡县	近现代	八路军总司令部旧址	1938 年
		6	长治市	潞城市	近现代	八路军总司令部北村旧址	1938-1939 年
435	3	7	太原市	迎泽区	近现代	山西大学堂旧址	1904 年
436	4	7	太原市	杏花岭区	近现代	太原天主堂	1905 年
437	5	7	忻州市	五台县	近现代	南茹八路军总部旧址	1937 年
438	6	2	忻州市	五台县	近现代	白求恩模范病室旧址	1938 年
439	7	6	忻州市	五台县	近现代	徐向前故居	清
440	8	7	忻州市	定襄县	近现代	阎家大院	民国
441	9	6	忻州市	定襄县	近现代	西河头地道战遗址	1942-1947 年
442	10	7	太原市	迎泽区	近现代	中共太原支部旧址	1924 年
443	11	7	晋中市	太谷县	近现代	孔家大院	1925 年
444	12	7	晋中市	昔阳县	近现代	大寨人民公社旧址	1966 年
445	13	4	晋中市	左权县	近现代	八路军前方总部旧址	1941-1943 年
		6	晋中市	左权县	近现代	八路军 129 师司令部旧址	1937 年
446	14	7	长治市	沁源县	近现代	太岳军区司令部旧址	1940-1942 年
447	15	6	长治市	黎城县	近现代	黄崖洞兵工厂旧址	1939-1943 年
448	16	1	大同市	灵丘县	近现代	平型关战役遗址	1937 年
449	17	6	大同市	南郊区	近现代	大同煤矿万人坑	抗日战争
450		4	吕梁市	兴县	近现代	晋绥边区政府旧址	1939 年
451	19	6	大同市	南郊区	近现代	山西省立第三中学	民国
452	1	7	运城市	稷山县	其他	稷山大佛	金、元

后记：必须说清楚的几个问题

不是每一本书都需要后记的，但是这本书的后记是必须的。这有三个原因，一是因为它是一个课题研究的结项成果，有必要就课题的立项、研究过程等加以说明；二是它是由四篇相对独立的文章合成，有必要就四者之间的关系予以解释；三是这一课题成果只是阶段性的，还大有进一步研究的必要，所以，需要交代一下尚待深入研究的一些问题。基于以上三点，写下了这篇文字较多的后记。

一、项目来由

呈现在读者面前的这本书是山西省文物局 2014 年立项资助的"文物保护单位价值评估标准体系研究"的结项成果。但是最初申报的课题名称并不是这样。2013 年 11 月，看到山西省文物局征集研究课题的通知后，结合我三十多年来的教学与研究领域（历史、旅游），申报了"山西省全国重点文物保护单位的旅游价值及承载力评估"。

在申报书中，关于项目研究目的与意义我是这样论述的：山西省是文物大省，截至 2013 年 6 月有全国重点文物保护单位 452 处，占到全国总量的 10% 以上，位居全国第一。这些遍布全省的国家级文保单位，在拥有较高历史、艺术、科学价值的同时，又具有很高的旅游价值，是珍贵的旅游资源。但是，文物价值与旅游价值的评价标准是有差异的。文物价值重在文保单位本身固有的内在价值，按照价值高低分为国家级、省级、市级、县级四个等级；旅游价值在强调资源内在价值的同时，还要看其市场吸引力和旅游利用价值，按照价值高低分成 5 级、4 级、3 级、2 级、1 级五个等级。由于两种评价体系不同，必然存在这样的现实：就国家级文保单位而言，决不都是 5 级旅游资源，既有文物价值与旅游价值都高的文物保护单位，也有文物价值较高而旅游价值没那么高的文保单位。这就需要进行具体评估。本课题的研究目的就是要对山西省现有 452 处全国重点文物保护单位的旅游价值及游客承载力逐一进行科学评估，按照旅游价值评价体系标准评定其等级，进而对全省国家级文保单位的旅游价值整体有一个比较清晰的评估。

通过评估可以明确国保单位不同档次的旅游价值，这对于文保单位的旅游利用具有很重要的指导作用。山西作为文物大省，文物旅游一直是山西旅游的重头戏。现在山西省的龙头景区大都依托国家级文保单位，如五台山、云冈、平遥、乔家大院等，许多重点景区也是依托国家级文保单位，如皇城相府、晋祠、王家大院、解州关帝庙、恒山悬空寺、大同华严寺等。山西要把旅游业建设成战略性支柱产业，进一步加大文物旅游资源的旅游利用力度是必然的选择。但并不是所有文保单位都具有旅游市场价值，清楚评估国家级文保单位的旅游价值及其游客承载力就会对下一步的旅游利用提供科学依据，进而避免盲目投资开发，有助于保证文物类景区景点建设的科学规划与合理安排，促进山西文物旅游与保护的健康发展，取得良好经济与社会效益，并且为文物保护筹措更多的资金。

当时的立足点是从旅游利用的角度评价文物资源，所以简要介绍了国内外关于旅游资源评价方面的研究，并着重介绍了 2003 年推出的中华人民共和国国家标准（GB／T18972—2003）《旅游资源分类、调查与评价》，我称其为国家标准综合评价法。这实际是一种定性与定量相结合的方法。其评价体系由"旅游资源共有因子综合评价"赋分和"附加值"赋分两部分组成。根据对旅游资源单体的评价，得出该单体旅游资源共有综合因子评价赋分值和附加值赋分值，二者之和为该单体评价总分值。据此将旅游资源分为五级，其中五级旅游资源称为"极品级旅游资源"；四级、三级旅游资源通称为"优良级旅游资源"；二级、一级旅游资源通称为"普通级旅游资源"。

这些都是针对所有旅游资源而言，并没有单就文物旅游资源的评价标准。在进行旅游规划实践中，大都要对区域或景区内旅游资源进行评价，所以，区域旅游资源具体评价的文献较多，里面也包含着对文物资源的评价，但专门就一个省域、市域、县域的文物保护单位进行系统的旅游价值评估的成果至今尚未见到。

关于景区景点游客承载力方面已经形成比较成熟的测量与计算方法，主要通过游步道长度、景区景点面积大小以及游客平均停留时间多少来计算。

文保单位在审定级别时肯定要对其文物价值进行评估，制定文物保护单位保护规划时也要对其进行价值评估。按照"全国重点文物保护单位保护规划编制要求"，除了审视其历史、艺术、科学价值外，还应对其社会、文化、经济影响和作用做出评估，但这并不完全是旅游价值的评估。一般来说，对文保单位而言，重在保护传承文物遗产，尽管不排除旅游利用，但一般不会专门从旅游的角度去评价其价值。所以，出自文护物保专业学者之手探讨文物的旅游价值的文章极其罕见。

但是，保护文物的目的一方面是传承文化遗产，另一方面是合理利用。其中面向游客的旅游利用是重要的利用方式之一，既有社会效益、文化效益，又有经济效益，还可以筹措文物保护的资金，有利于文物的有效保护。所以，在文物价值评估时，很有必要确立一个视角：即从旅游利用的角度去研究并评估其价值，并科学测度其游客承载量，为文物旅游与保护提供科学依据。这方面的研究工作应当展开，尤其在山西这样的文物旅游资源大省更应该加强。评价就应该有明确的标准，而且尽可能量化。所以，很有必要构建文保单位旅游利用价值的评估标准。

接着，论述了研究对象和主要内容，提出了拟解决关键问题及难点所在，指出了创新点，梳理了研究方法与研究思路，提出了预期研究成果。

申报表提交后，在文物局组织的项目评审会上，专家认可项目研究的必要性和意义，但对题目做了微调，建议改为《山西省全国重点文物保护单位的利用价值评估标准体系研究》，去掉了利用前面的限定词"旅游"和"承载力评估"，主要的理由是文物利用是多方面的，不能仅限于旅游。为此省文物局还在2014年5月下达了专门的项目名称变更通知。

此后，经过与省文物局博物馆处赵曙光处长（本书出版时，他已经是省文物局的总工程师）的反复交流协商，于2014年9月正式签订项目合同时名称进一步更改为《文物保护单位价值评估标准体系研究》。题目比以前简要多了，但包含的内容不仅没有减少，反而大大增加了。由"利用价值评估"改为"价值评估"，少了"利用"这个限定词后，"价值"的范畴一下子拓展了很多，除了原有的"利用价值"外，起码还应包括"本体价值"，而且后者是前者的基础。没有本体价值何来利用价值？这个题目定得好！它重新界定了项目的研究内容，也极大提升了项目研究的意义，特别是对文保单位级别评定的参考价值很显著。

长期以来，文物保护单位的价值评估标准体系缺失。虽然文物管理部门按照价值高低将文物保护单位分为国家级、省级、市级、县级四个等级，但主要是依据定性方法来评定，缺乏价值评估的量化标准。进而导致文物保护单位价值评估的可操作性与严谨性不足，影响评定结果的权威性，并对文物的有效保护与利用产生一定的负面影响。所以，非常有必要构建文保单位本体价值可以量化的评价标准体系。本书稿先从文物大省山西进行探索，最终目标是构建全国性的《文物保护单位价值评价标准体系》。

二、研究过程

本课题建立在对山西全国重点文物保护单位调研的基础上。所以，立项后，首先进行的是其利用状况的摸底调查。山西省境内452处全国重点文保单位，课题组成员在不同时期走访过的约占3/4左右，对没有走访过的，主要通过文献与图片资料进行了解。与此同时，我们设计了一张全国重点文保单位利用情况调查表，委托省文物局文物处下发各市、县文物局，让文保单位认真据实填写。调查表收回后，绝大部分表格是按照要求填写的，事项清楚，对少量存在缺项或疑问的表格课题组又进行了核实与补充。随后，按照文保单位的类型、地区分布分别进行了整理统计，初步掌握了山西全国重点文保单位利用的基本情况。通过数据，从成为景区景点的数量、类型、利用强度的差异分析了山西省全国重点文物保护单位旅游利用状况；从所占旅游景区总数、重点景区和品牌景区的数量比例角度分析了文物旅游在山西旅游格局中的地位；从文物自身的旅游价值和旅游利用的外在客观因素分析了影响文保单位旅游利用的条件；从旅游价值评估、深入挖掘文化内涵与旅游潜力、强化配套、环境治理等方面提出了提升文保单位旅游利用的对策建议。该成果收录到《2014—2015年山西旅游发展分析与展望》一书中，题目调整为《2014年度山西国家级文物保护单位旅游利用状况研究报告》，这是第一篇全面调查山西省全国重点文保单位旅游利用状况的文献，有明显的学术与实践价值。

　　本课题的目的是要构建文保单位的评价标准体系，因此，全面了解国内外关于文物资源评价的研究状况是必须的。立项后，开展的另一项基本工作是检索这方面的国内外文献。本课题研究的全国重点文物保护单位是不可移动文物，与遗产地的概念相契合，属于物质文化遗产。因此，国内外对于文化遗产的价值体系的研究都在检索范围。我国在界定文保单位时将其分为古建筑、古遗址、古墓葬、石窟寺和石刻以及近现代重要史迹及代表性建筑等，对于这些类型文物价值的评价研究均是检索的对象。文物价值评估的目的是为了更好地保护和利用，因此，对于文物价值评估的论述在文物保护的法律文件中都有涉及，所以相关宪章法律也属检索范围。

　　经过大面积、大范围的检索，收集到大量相关文献。下面的工作就是浏览、梳理、归类。整理的结果是将相关文献分为五大类，即国际宪章及法律文件；国外相关制度；国内相关制度与标准；国外学者研究概况；国内学者研究概况。大类之下再细分，比如国外相关制度下又分为：联合国对于文化遗产的评价标准，美国文化遗产价值评估制度，温哥华建筑遗产评价标准，英国建筑遗产的登录制度，日本历史文化财保护制度等；国内相关制度与标准下面又分为：文物保护法及文物古迹保护准则，台湾遗产价值评估制度，苏南建筑遗产评估体系等；国内学者研究概况下面细分为：建筑，遗址，近现代文物建筑，文物等。通过这样的检索、整理与总结，基本搞清了国内国外关于不可移动文物价值评估的大致情况，为课题组构建文物保护单位价值评估标准体系奠定了坚实基础，这就是收录于本书的第二篇文献"文物旅游资源价值评估体系研究综述"。

本课题的核心内容是按照文物保护法等相关法规要求，借鉴其他领域资源价值评估的方法与标准，构建文物保护单位的价值评估标准体系。创建评价体系的难点主要有两个：一是评价标准体系具体评价指标的选取。价值评估涉及许多方面，如何从中选取出具体的指标，而且确保这些指标比较全面地反映了价值的主要方面，是这一评价标准是否科学的关键因素；二是每一项具体评价指标的赋分权重的确定。量化评价不仅要求评价指标设置合理，而且要求每一指标的权重恰如其分，这同样关系到评价结论是否客观公正。因此，评价指标体系每一项的分值大小的确定就非常重要，也是难点之一。

经过认真分析讨论，结合实际情况，我们认为这一标准体系应由"本体价值"和"利用价值"两部分组成。本体价值主要从文保单位等级认定的标准来构建评估指标体系与赋分权重。具体包括核心价值、价值多元性评价、原真性、完整性、规模度、历史年代 6 项指标，其中核心价值包含历史价值、科学技术价值、文化艺术价值三方面；利用价值主要从文保单位的价值发挥来构建评价指标体系与赋分权重。具体由专业利用、大众利用、影响利用价值发挥的 8 项外在因素以及利用现状的 5 项附加因素四方面指标构成。二者都是定性与定量评价的统一，满分均为 100 分，既可以单独使用，也可以综合应用。据此，我们构建了本体价值、利用价值两个评价标准赋分表，给定了各项指标的不同分值，并且做了相应的解释与说明。

项目初步成果出来后，2015 年 10 月省文物局组织了中期汇报及专家评审。

文物局有关领导及到会专家一致认为，率先在文物资源大省山西探索构建一个文物保护单位价值的量化评价标准系统非常必要，而且属全国首创。进一步完善后，这一标准体系不仅适用于山西，也可以在全国推广使用。但是，专家提出的修改意见比较集中的是：文保单位类型多样，各类型之间差异较大，用一个标准衡量难以照顾到方方面面，所以，最好是分类型制定不同的评价标准。我觉得专家的意见很有道理。的确，不同类型的文保单位的价值高下不好比较，只有同类型者才具有可比性，比较的结果也才具有说服力。可是，如果分类构建评价标准，工作量将会非常巨大，不是这次立项的课题所能完成的任务。所以，我认为，先搞一个总体的评价标准，以此为基础，将来再去探索构建分类标准。这也就为文保单位价值评估标准体系的进一步研究指明了方向，提出了任务。

三、"四部分"之间的关系

本书由四部分组成，但是并非刻意组合。它们之间既有相对独立性，更具有密切的内在联系，紧紧围绕研究主题分别从不同的侧面进行了调研，它们之间的关系可以用"一个核心，四位一体"加以概括。

第一部分"山西省文物保护单位价值评估标准指标体系及其说明"是项目成果的主报告，也就是所谓的"一个核心"。这份报告首先阐述文保单位价值评估标准制定的背景；然后系统分析了评价标准制定的五方面意义，即"价值评估不能没有明确标准，明确评估标准可以大大降低人为因素的干扰，标准可以提升结果的公正性和公信力，有利于更好保护和利用各级别的文物，有利于管理工作的科学性"；重点是从"本体价值"和"利用价值"两方面构建了文保单位的价值评估标准体系，并对每一项指标的含义、赋分及操作做了具体说明，从而保证了标准的可实施性。此外，还要提到一点，就是在上述量化评价指标体系的基础上，报告还提出了文保单位"特别价值条款"。也就是对于那些在"核心价值"的某一方面价值特别突出的文保单位，即使其他方面得分较低，也可以被直接认定为国保单位，体现特殊事物特殊对待的原则，保证那些核心价值突出的文保单位不至于因为其他指标得分不高而被排除在"国保"之外。

第二部分"文物旅游资源价值评估体系研究综述"是主报告的基础工作。真正有价值的学术研究一般来说都是在前人研究的基础上追求突破、实现创新。但是突破和创新的前提之一是，首先要搞清楚在你研究的领域或研究的问题上前人（国内外）已经做了哪些工作，做出了哪些成果，存在哪些问题，还有哪些空白，进而明确你的研究的突破方向。这一工作就是学术研究中的相关文献综述。"文物旅游资源价值评估体系研究综述"正是如此性质的一项基础性工作。如果没有这一篇文献综述做基础，主报告的创新价值就会受到质疑。

第三部分"文物保护单位旅游利用价值评估体系研究——基于对山西部分重点文物保护单位的考察"，是主报告部分研究内容的进一步深化。主要针对文保单位的旅游利用价值评估标准体系构建展开深入探讨。为什么单独讨论文保单位的旅游利用价值评估标准呢？有两方面的主要原因，一是文保单位的利用很大程度上体现在广义的旅游利用上，因为文保单位的参观访问者绝大部分都是游客；二是文章的执笔者是旅游管理专业硕士研究生，这篇文章也就是他的硕士论文，旅游专业的硕士论文当然要围绕旅游的相关主题来写，而不能泛泛讨论文保单位的利用价值。

文章基于对国内外学者研究的整理与分析，提出了对旅游利用价值认识的两个角度，即本体价值角度和利益相关者角度。本体价值角度是假设在旅游资源还未被开发的情况下，探究其是否适合发展旅游；利益相关者角度是分析各方利益相关者所获得的效益。基于这两个角度，通过指标初选、指标修正等环节构建了文保单位旅游利用价值评价指标体系，并对评价指标进行了说明。

所构建的评价指标体系分为准则层、因子层和属性层。本体价值评价体系中，准则层包含本体价值和外在因素两个指标；因子层包含五个指标，其中本体价值包含历史价值、艺术价值、科学价值和知名度与保存状况等四个指标，外在因素包含区位与环境一个指标；属性层共有 17 个指标。利益相关者评价体系中，准则层分为旅游者、居民、当地政府和文保单位四个类别，列成四个指标，经过因子分析法处理后得到的因子层包含 12 个指标，属性层包含 32 个指标。同时，通过专家访谈、灰色关联度分析、问卷调查、用 SPSS 对数据进行因子分析处理及信度检验等方法给出每项指标的权重及分值。最后，运用利益相关者角度旅游利用价值评价体系对晋祠、龙山石窟、双塔寺和长平之战遗址四个文保单位进行了评价，验证了该体系的实用性。

这一成果的价值在于，一方面丰富了文物及旅游的理论研究，对于各类别文保单位旅游利用评价具有普适性；另一方面能让人们更加全面地认识文物资源，为文保单位的保护、研究和利用提供较为科学的依据，保证文物旅游健康发展，进而实现不同主体的利益。

第四部分"山西国家级文物保护单位旅游利用状况研究报告"，是服务于主报告的另一项基础调研。本课题的一个基本观点是，文物资源与旅游资源不能够划等号，高级别的文保单位不一定都是高级别的旅游资源。基于此，引出了文保单位价值评估的两个体系：本体价值与利用价值。为了印证这一命题，我们就全面调查了山西省 452 处全国重点文保单位的旅游利用状况。调查的结果验证了上述观点。同样是国保单位，由于类型不同、所处地理环境不同，旅游利用率差异很大。从所处区位来看，位于中心城市及县城的国保单位远比乡村的旅游利用率高。从类型来看，文保单位转化成旅游景区景点的比例相差甚远。转化率最高的是革命遗址及革命纪念建筑物，达到 100%；其次是石窟寺和石刻类，转化率高达 80%；再次是近现代重要史迹及代表性建筑类，转化率为 44.4%；古建筑类转化率为 33%，古墓葬类转化率为 16.7%，古文化遗址类转化率仅为8.1%。造成这种差异的原因主要有两方面，一方面是文物本身的吸引力不同，即文物自身的旅游价值不同；另一方面是文物利用的客观条件不同，即旅游利用的外在因素不同。由于文物本身的原因造成的利用率低的问题是不好解决的，所以，有些现在不是旅游点的国保单位将来也不大可能变成旅游点；而不是本身吸引力不够，只是因为利用的客观条件不好如交通不便、服务设施欠缺等造成的文保单位旅游利用率低的状况，是可以改善的，也就是说有些现在游客较少的文物旅游点，随着交通、服务设施的改善，将来有可能变成较多游客光顾的旅游点，甚至成为旅游热点。基于这一结论，文物保护单位在进行旅游开发利用之前，首先应该对其旅游价值进行客观评估，如果旅游价值很低最好是不要开发。这就需要有一个旅游利用价值评估的标准。

四、尚需进一步研究的问题

本课题研究结项了，但并不等于文物保护单位价值评估标准体系的研究就结束了。恰恰相反，我以为这方面的研究才刚刚开始，尚有大量问题需要探讨，也有许多工作需要开展。

首先应该做的工作就是现有标准的实证检验。我们构建了文保单位本体价值、利用价值的量化评价标准，但是并没有经过大量实例的验证，也就是说标准的科学性、权威性、实用性没有经过实践的检验。所以，下一步就应该运用这一标准体系进行两方面的检验：一方面是对已经被认定级别的文保单位进行复评，看评出来的结果与现有级别的吻合度怎样。如果不相吻合，就应具体分析其中的原因。是标准的问题，还是以前认定的问题？如果是标准的问题就要修订标准；另一方面是运用标准对需要评定（或重新评定）级别的文保单进行评定，看一看评定出来的结果能不能令人信服，如果有争议就要考虑是不是标准的问题。

其次要对现有总体评价标准进一步修改完善。修改从两方面着手：一方面经过上述实践检验来反映标准存在的缺陷与问题，针对存在问题对评价项目加以修改，对指标权重加以调整。用修改后的标准再去实地评价，再看看吻合度怎样。如此反复进行几轮，使评价标准得到修改完善；另一方面，召开专家论证研讨，专门找毛病与问题，通过集思广益，征求各方面的意见与建议，也一定会使评价标准得到进一步的修正与完善。

第三方面的工作就是探讨建立本体价值评估的分类标准。正如项目中期评审时专家们提出的建议，应在总体评价标准之下，探讨分类评价标准。根据文保单位的六大类型，在总体标准的框架指引下，具体构建不同类型的评价标准体系，比如：古文化遗址评价标准体系，古墓葬评价标准体系，古建筑评价标准体系，石窟寺和石刻评价标准体系，近现代重要史迹及代表性建筑评价标准体系以及革命遗址及革命纪念建筑物评价标准体系。如果能把标准细化到类型层面，标准的科学性、权威性、实用性一定会得到新的提升，评价标准也就更具系统性。当然，这方面的工作量会相当大，希望学界、业界同仁携手合力，共同来做。

后记的最后应当是致谢。感谢山西省文物局对项目的大力支持，没有文物局的立项以及经费资助，就不会有今天的项目成果；感谢省文物局赵曙光总工程师对项目的全程指导与支持，从项目名称到项目内容，以及评价标准体系的构建和成果出版，每一环节都包含有他的思考、建议与支持，没有他的指导项目成果也不会是现在这样；感谢省文物局文物处白雪冰副处长，他在我们调查全省国保单位旅游利用的过程中给予大力支持，进而确保了调查的顺利进行；感谢中期评审的专家，他们提出了宝贵的意见与建议；感谢为项目研究提供资料的所有单位和个人；感谢项目组所有成员，是他们与我一道并肩战斗，最终完成了项目研究任务，才有今天的这本书；最后要特别感谢山西省文物局雷建国局长在百忙中抽时间为本书撰写了序言，为本书的出版画上了一个圆满的句号。

2017 年 12 月 12 日